新时代 北京卷

教育文库

北 京 市 通 州 区 次 渠 中 学

运河人文科学项目式学习
实践探索

李万峰　　杜金茹　　杨心睿◎编著

中国言实出版社

图书在版编目(CIP)数据

运河人文科学项目式学习实践探索 / 李万峰，
杜金茹，杨心睿编著. -- 北京：中国言实出版社，
2024.12. --（新时代教育文库）. -- ISBN 978-7-
5171-4982-8

Ⅰ. G632.0-53

中国国家版本馆CIP数据核字第2024EW4761号

运河人文科学项目式学习实践探索

责任编辑：朱　悦

责任校对：张　朕

出版发行：中国言实出版社

地　　址：北京市朝阳区北苑路180号加利大厦5号楼105室
邮　　编：100101
编辑部：北京市海淀区花园北路35号院9号楼302室
邮　　编：100083
电　　话：010-64924853（总编室）　010-64924716（发行部）
网　　址：www.zgyscbs.cn　　电子邮箱：zgyscbs@263.net

经　　销：新华书店
印　　刷：廊坊市印艺阁数字科技有限公司
版　　次：2025年6月第1版　　2025年6月第1次印刷
规　　格：710毫米×1000毫米　　1/16　　17印张
字　　数：282千字

定　　价：89.00元
书　　号：ISBN 978-7-5171-4982-8

本书主编简介

李万峰，北京市通州区次渠中学原书记、校长。中学语文特级教师，正高级教师。北京教育科学研究院中学语文兼职教研员，北京教育学院中文系客座教授，首都师范大学教育技术学专业硕士生指导教师，北京师范大学教育学部、北京大学教育学院特聘专家。曾先后被选聘为北京市教育学会常务理事、北京市教育学会语文教学研究会副理事长、北京市学习科学学会副理事长、中国教育学会教育管理分会常务理事、北京可持续发展教育协会副会长、北京市特级教师协会副会长。出版了《教育学思》等多部专著。

杜金茹，北京市通州区次渠中学课程处副主任。中共党员，正高级教师，北京市骨干教师。曾获全国模范教师，北京市优秀教师，北京市"教书育人先锋"等称号。荣获首都劳动奖章，北京市"紫禁杯"优秀班主任特等奖、一等奖，北京市中小学"学生喜爱的班主任"，北京市优秀乡村教师。

杨心睿，北京市通州区教师研修中心研修员。曾获北京市"启航杯"一等奖，北京市基础教育优秀课堂教学设计征集与展示活动一等奖，参与编写"核心素养大单元教学实践与案例丛书"。

文库编委会

主　任：顾明远

编　委：（以下按姓氏笔画排序）

尹后庆　代蕊华　朱卫国　朱旭东

李　烈　李有毅　吴颖民　陈如平

罗　洁　姚　炜　唐江澎　韩　平

褚宏启

本书编委会

主　任：李万峰　　杜金茹　　杨心睿

编　委：毛金龙　　林　艳　　王玉波　　历　虎　　刘海生

　　　　马　丽　　高东艳　　陈庆军　　李瑞春　　卢志平

　　　　徐江飞　　李　华　　张　玥　　韩学文　　祁　鑫

　　　　陈　欣　　周孟男　　郝金慧　　乔　鹏　　李志刚

　　　　刘　亚　　侯晓英　　王祎晴　　殷向楠　　李瑜敏

　　　　邓芳芳　　富琦媛　　张闻闻　　耿士林　　武文博

　　　　郭子夜

总　序

　　党的二十大报告指出，"教育、科技、人才是全面建设社会主义现代化国家的基础性、战略性支撑。必须坚持科技是第一生产力、人才是第一资源、创新是第一动力，深入实施科教兴国战略、人才强国战略、创新驱动发展战略，开辟发展新领域新赛道，不断塑造发展新动能新优势"。为深刻领会以习近平同志为核心的党中央作出这一战略部署的深义和赋予教育的新使命新任务，加快建设教育强国，加快推进教育高质量发展，展示新时代我国基础教育的发展变革和取得的重大成就，中国言实出版社策划、出版了"新时代教育文库"丛书。

　　进入新时代以来，教育系统全面贯彻党的教育方针，落实立德树人根本任务，培养德智体美劳全面发展的社会主义建设者和接班人；促进教育公平、提升教育质量，加快推进教育现代化，办好人民满意的教育。教育的中国特色更加鲜明，教育面貌正在发生格局性变化。新时代以来，我国教育普及水平实现了历史性跨越，更好地保障了人民受教育的机会；教育服务能力稳步提升，为国家重大战略实施和经济社会发展提供了强大的人才和智力支撑；教育改革开放持续深化，服务全民终身学习的教育体系进一步完善。"新时代教育文库"丛书记录了、见证了基础教育事业的发展变革，对研究我国基础教育具有一定的史料价值。

　　本丛书选题视野开阔，立意深远。丛书以地区分卷，入选学校办学特色鲜明、教学教研成果突出，既收录了办学者、管理者高水平的理论研究创新成果，也收录了一线教师对课堂教学的真实感悟案例，收录了一线管理者的成功经验总结，这些，对基础教育工作者、研究者具有一定的参考价值。

是为序。

著名教育家，中国教育学会名誉会长、北京师范大学资深教授

2022 年 12 月

目　录

下篇　次渠中学运河人文科学项目式学习案例集

上篇

次渠中学课程体系汇编

"双减"背景下"生命绽放"学校课程体系研发与实施的实践研究

李万峰　林　艳　杜金茹

内容摘要：校本课程的研发与实施是推动学校有特点、有特色发展的重要组成部分。我校立足实际，整合学校和社会的优质资源，以生命教育为基点开发校本课程。生命教育既是人的全面发展的需要，也是学生健康成长的迫切要求。进入 21 世纪以来，教育改革的发展越来越重视强调个体发展和情感关怀的生命教育，以生命教育为基点开发校本课程有着鲜明的时代特征和实践意义。"生命绽放"校本课程是我校根据生命教育理念，在对学校学生和教师的需求进行系统评估的基础上，充分利用社会优质资源和学校的课程资源，通过设计编制多样性的、可供学生选择的课程，以促进学生成长、提高教师水平、提高学校教育水平为目的。"生命绽放"校本课程以学校为核心，教师则既是课程的实施者，同时也是课程的研究者和开发研制者。课程建设着重关注学生的差异性，强调学生对生命的体验、互动与探究。"苔花如米小，也学牡丹开。"我校在生命教育视野下，秉承"让生命在自强不息中绽放、在诚信友爱中多彩、在共生共荣中和谐"的教育理念，从四个维度，即人与自己、人与他人、人与自然、人与社会开设"生命绽放"校本课程。主要包括建构"生命绽放"校本课程体系；探索"生命绽放"校本课程课堂教学模式；开发"生命绽放"课程纲要三个方面。

关键词：生命教育；课程体系；校本课程

一、研究背景

（一）选题缘起

2001 年，教育部在《基础教育课程改革纲要（试行）》中明确提出实行国家、地方、学校三级课程管理体系。在此框架下，学校不仅要严格执行国家课程与地方课程，还需依据自身办学特色及周边资源优势，开发契合学生发展需求的校本课程。通过这种方式，学校能够不断建设教育新生态，助力为党育人、为国育才的使命。

学校的发展、师生的成长需要教育科学研究提供内在的支撑点，是教育发展的直接动力。对于教师的专业发展和价值追求也强调以科研能力为重要标志。校本课程的研发与实施是推动学校有特点、有特色发展的重要组成部分。21 世纪以来，随着教育改革的纵深发展，生命教育也越来越受到重视，2016 年，《中国学生发展核心素养》明确将"珍爱生命"作为一个重要的教育子目标纳入"健康生活"这个教育价值维度。各省根据政策纷纷出台生命教育实施的指导方案和计划纲要，指导本地区的生命教育实践，各级学校多种形式的生命教育实践也借此开展起来。目前学校在开展生命教育时大多还停留在"珍爱生命""强健体魄"等较为基础的维度。实则，生命教育所蕴含的意涵远不止此，它更应是全方位、深层次地引导学生探寻生命的意义，培养其对生命的敬畏与热爱，以及与自然、社会和谐共生的能力。有鉴于此，我校以生命教育为基点开发校本课程、挖掘生命教育的应有之义、探索生命教育的课堂新模式，既符合教育改革对"育人"的新要求，也是对生命教育的一次新探索。

1. 学校发展的基本情况

次渠中学是一所农村初级中学，位于通州区的西南部，地处环渤海高端总部基地，西邻北京经济技术开发区，北接朝阳区，靠近垡头工业区。

次渠中学始建于 1958 年，占地 5.6 万平方米，建筑面积 1.4 万平方米。在校生 825 人，有 30 个教学班，教职工 122 人。全国模范教师 1 人；特级教师 1 人；北京市骨干教师 2 人；北京市骨干班主任 1 人；北京市紫禁杯优秀班主任称号获得者 5 人，其中特等奖 1 人。通州区骨干教师 9 人，通州区青年骨干教师 4 人，通州区骨干班主任 3 人；通州区运河领军人才 2 人。现有理化生心理等专业教室 17 间，艺术、体育、科技等课外活动教室 18 间；通州区优秀班主任工坊 1 间；通州区运河领军人才工作室 2 间；校骨干教师工作室 1 间。

近年来，学校深入贯彻党的教育方针政策，严格遵循党的十九届五中全会通过的《中共中央关于制定国民经济和社会发展第十四个五年规划和二〇三五年远景目标的建议》中提出的"全面贯彻党的教育方针，坚持立德树人，加强师德师风建设，培养德智体美劳全面发展的社会主义建设者和接班人"这一重要精神，并将其作为全面育人、提升学生核心素养的重要指导。在教育改革不断深化、社会对人才培养要求日益提高的今天，我们越发意识到正视生命教育价值、积极开展生命教育实践的极端重要性和迫切性。学校在教育教学过程中，注重将生命教育融入日常教学，通过丰富的课程设置、多样的课外活动以及温馨的校园文化建设，引导学生认识生命的独特性、珍视生命的意义，致力于让每一个学生都能在健康、和谐、充满活力的教育环境中成长，培养其德智体美劳全面发展，成长为具有家国情怀和国际视野的新时代社会主义建设者和接班人。

2. 学校的"生命绽放"校本课程建设

《基础教育课程改革纲要（试行）》明确提出"大力推进基础教育课程改革，调整和改革基础教育的课程体系、结构、内容，构建符合素质教育要求的新的基础教育课程体系。"校本课程作为三级课程体系重要组成部分，其建设直接关系到基础教育的改革与发展。校本课程能有效地把学习和实践相结合，体现学校所处环境的经济、社会、人文等地域特征。校本课程的开发主要依据地方课程资源，如何深度开发与利用地方课程资源，完善课程三级体系，彰显学校特色，亟待思考。

我校在深度学习党和国家有关政策文件的基础上，开发整合地方资源，以学生的个性发展和情感关怀为中心，开展生命教育课程建设，将之命名为"生命绽放"校本课程。该课程以"生命绽放"为主线，从德育、智育和综合素质拓展教育三方面作为切入点，分为：活力绽放德育课程、思维绽放智育课程和蕖英绽放综合素质拓展课程。其中蕖英绽放综合素质拓展课程又设有艺术、体育、科技、劳动技术等共 39 门课程。既能满足学生全面发展的需要，也是学校课程建设和教育改革的重要突破。

"生命绽放"校本课程的研发与实施，顺应了学校教育发展的趋势与需求，富有创新意义与研究价值。然而，作为学校校本课程建设可能路径的生命教育，无论是从实践层面，还是理论层面都不尽完善。因此，建立一套有效、规范的"生命绽放"课程体系势在必行。

（二）研究的意义

本课题以行动研究为主，辅以调查法、文献法、观察法、案例研究法等方法进行综合研究，依据《基础教育课程改革纲要（试行）》和教育部的相关政策文件中针对初中校本课程发展的要求，结合本校实际情况，加强理论学习，深入理解生命教育应有之义，并在此基础上建构"生命绽放"校本课程体系、探索"生命绽放"校本课程的课堂教学模式、开发"生命绽放"课程纲要，在理论和实践两个层面不断完善和探索"生命绽放"课程体系的理论建设和实践路径。这有助于把我校建设成为具有国际视野的学校，完善学校课程建设体系，提高学校的教育质量和水平，推动区域教育协同发展；有助于提高我校教师的专业发展水平，推进研究型教师队伍的建设；有助于促进学生的个性发展，培养德智体美劳的全面发展，符合国家对于五育并举的倡导和需要。

二、研究方法

本课题的研究方法以行动研究法为主，以次渠中学全体学生为研究对象，结合课题所需，运用调查法、文献法、观察法、案例研究法等方法进行综合研究。

行动研究是一个螺旋式加深的过程，它包括四个相互联系、相互依赖的环节：计划、实施、调控和反思。本课题的研究，以在校学生为研究对象，通过设计特色教案、校本课堂教学、研讨活动、案例反思、教育活动等多种形式，探索建构生命教育校本课程的途径、方法、手段和形式，在实际操作中不断修正和完善实施方案，以达到最好的效果，形成独特的学校文化。

调查法和文献法主要用于课题研究的前期准备阶段，通过教师座谈、学生座谈等方式了解课堂现状。通过文献学习、文献积累学习和收集大量关于生命教育研究的资料，深入理解生命教育的研究现状和成果，归纳提炼生命教育的基本理论及实施途径和方法，为课题研究打下理论基础。

观察法主要用于课题实施阶段，观察并记录教师的教学行为和学生的学习行为，及时进行反思和调整，进一步探讨适合学生成长的校本课程，致力于将校本课程建设为真正适合学生、满足学生成长需求的体系。选择特定学生有目的、有计划、有针对性地进行观察跟踪研究，建立个体生命素质发展档案。

案例研究法主要用于研究过程中，积累、收集教师和学生在课题实施过程中的案例，在实际情境中发现研究存在的问题，积极探讨解决方案，修正和完善研究设计，丰富生命教育校本课程的层次性和针对性。

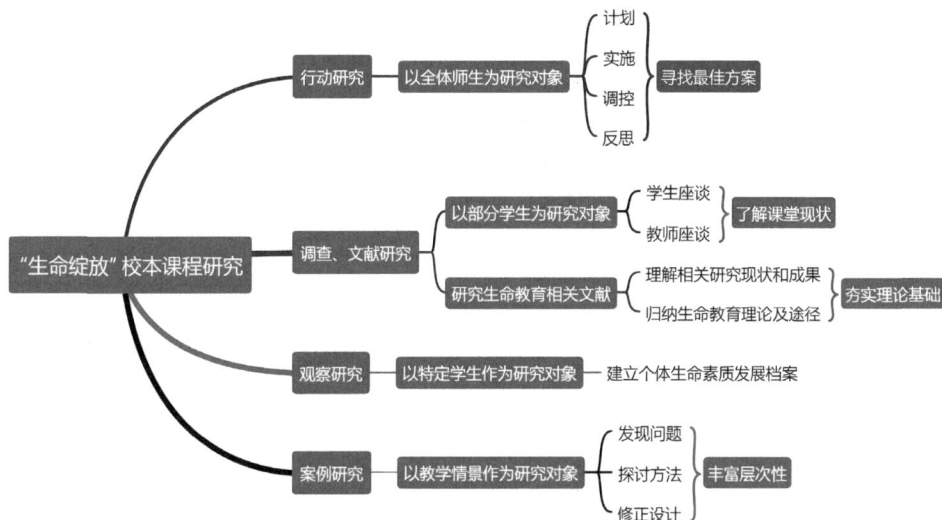

图 1　校本课程研究方法框架

三、核心概念界定

（一）生命教育

教育是一项基于生命、通过生命、为了生命的事业。叶澜在《"生命·实践"教育学引论（下）——关于以"生命·实践"作为教育学当代重建基因式内核及其命脉的论述》中谈到，"教育最为根本的目的是培养人对自己及其人生、生命发展及其成长过程的主动认识和策划，积极地成为实现自己人生理想的主人，成为能超越自我、把握自己命运的主人。"教育可以在生命的广度和宽度上创造新的可能，生命是贯穿教育始终的目的所在，二者本就密不可分。21世纪以来，随着教育改革的深入发展和智能技术在教育中的广泛应用，回归教育的本真，葆有教育的原初底色的生命教育越来越受到提倡。《国家中长期教育改革和发展规划纲要（2010—2020年）》中，将生命教育提到和安全教育、国防教育、可持续发展教育同等的高度，促进了生命教育研究的井喷式发展。在回顾生命教育发展历程中，冉源懋等学者（2021）将生命教育的内涵界定为广义和狭义两个层面，"广义的生命教育是指提升生命价值的教育观念与实践，包括心理健康教育、灾难教育、安全教育等。狭义的生命教育仅仅是指培养正确的生命观的教育。"关于本文所言生命教育从广义之界定，以学者肖敬在《浅谈生命教育读本》中的观点为基础，将生命教育定义为以生命为核心，以教育为手段，倡导认识生命、珍惜生命、尊重生命、爱护生命、享受生命、超越生命的一种提升生命质量、获得生命价值的教育活动。其中，生命教育又包含着三个层次，即生存意识教育、生存能力教育和生命价值升华教育等。

（二）"生命绽放"校本课程

新课程改革对课程概念赋予了新的含义，它是一种活动、交往、沟通与合作，是人的各种自主活动的总和。

"生命绽放"学校课程是次渠中学秉持"让生命在自强不息中绽放、在诚信友爱中多彩、在共生共荣中和谐"的教育理念，以生命教育为核心，在对影响人成长的诸要素及其关系进行充分思考的基础上，对学校学生的需求进行系统评估，并充分利用社区和学校的课程资源设计编制的多样性的、可供学生选择的校本课程。强调以学校及其周边资源为核心，教师既是课程的实施者，同时也是课程的研究者和开发研制者。课程建设关注学生的差异性，强调学生对生命的体验、互动与探究，以提升生命质量、获得生命价值为目标。主要从生命教育的四个维度（即人与自己、人与他人、人与自然、人与社会）来研发与实施的校本课程。具体包括活力绽放德育课程、思维绽放智育课程和藁英绽放综合素质拓展课程等。

四、研究结果

（一）课程研发与实施的原则

第一，人本原则。教育是培养人的社会活动，人既是教育的出发点，也是教育的归宿。生命教育所遵循的以人为本原则，是以学生的生命需要为基点，培养学生丰富的社会属性和鲜活的个性，最终达到全面持续发展的终极目的。这一过程既体现着对于学生成长规律和内在需要的尊重和关注，又充满了教育者对于学生主体性、创造性的呵护与期待。

第二，知行统一原则。教育本就是意识与践履的统一，两者相互作用、密不可分。王阳明在《传习录》中写道，"知之真切笃实处即是行，行之明觉精察处即是知"。生命教育也是如此，在引导学生认识生命、珍惜生命、尊重生命的基础上，还要让学生爱护生命、享受生命、超越生命，将所学内化于心、外显于行，感知生命的价值，提升生命的质量。

第三，实践性原则。实践教学是培养学生创新精神和实践能力的重要手段，是提高学生综合素质的关键环节。如陶行知所言，"行是知之始，知是行之成"，知识的根在经验里。在实践活动中，学生传承实践知识、形成实践技能、发展实践能力，并最终获得实践经验的扩充和综合素质的提高。生命教育本就是可操作性很强的教育活动，学生通过"生命绽放"校本课程中丰富的综合性实践活动，获得切身的生命体验和生动的生活互动，在实践中探究生命的价值取向。

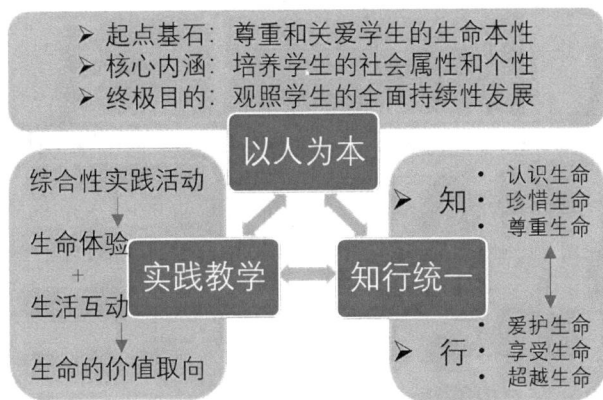

> 起点基石：尊重和关爱学生的生命本性
> 核心内涵：培养学生的社会属性和个性
> 终极目的：观照学生的全面持续性发展

以人为本

综合性实践活动
生命体验
＋
生活互动
生命的价值取向

实践教学　　知行统一

知
· 认识生命
· 珍惜生命
· 尊重生命

行
· 爱护生命
· 享受生命
· 超越生命

图 2　课程研发与实施原则示意图

（二）课程目标

"生命绽放"校本课程的设置涵盖了生命教育的三个层次和四个维度。生命教育包括生存意识教育、生存能力教育和生命价值升华教育三个层次。生存意识教育，即珍惜生命的教育，主要通过活力绽放德育课程对学生进行生命安全教育和生活态度教育而实现；生存能力教育是个体生命得以存在和发展的必要条件，通过思维绽放智育课程和菁英绽放综合素质拓展课程增强学生的思维能力、动手能力、对环境的适应能力和抗挫折能力；生命价值升华教育，即生命质量提升教育，主要通过三方课程的相互渗透，激发学生对于生活的热爱，延展生命的宽度、广度、深度，使生命增值。生命教育的四个维度涵盖人与自己、人与他人、人与自然、人与社会。人与自己，即认识自我、发现自我、肯定自我，最终实现自我价值；人与他人，即学会理解、学会共情、学会沟通，最终学会合作共赢；人与自然，即尊重自然、顺应自然、保护自然，最终实现与自然的和谐共生；人与社会，即认识社会、适应社会、改造社会，最终成为促进社会发展的继承者和接班人。

从宏观层面来说，"生命绽放"校本课程的目标可以分为直接目标和终极目标。直接目标是认识生死、防范自杀、珍爱生命，培养学生爱护自己、尊重他人的态度，并提升面对挫折的能力。终极目标是引导学生感受生命的喜悦与可贵，体验生命的意义，借由正确的价值观、豁达的人生观与自在的生活观，建构个人生命的内涵，提升生活内涵和品质。"生命绽放"校本课程既给予学生拓展兴趣、发展个性、展示自我的契机，又鼓励学生积极参加志愿、公益等社会实践活动，是促进学生社会化、培养学生社会责任感的平台。同时，科学的教育理念、完善的课程体系、多样的校本课程，无不彰显学校以生命教育为核心的办学特色，打造学校文化活动的独特品牌。

从微观层面来说，"生命绽放"校本课程要达到四个层次的目标：认知上，认识和了解身体及生命的意义与价值，树立正确的人生观和价值观；情感上，体验生命的可贵，欣赏并热爱生命；行为上，发展潜能，实现自我，积极应对挫折，增进人际交往技巧；价值观上，透过对生死的认知，建立健康向上的生命观。学校的校本课程涵盖德育、智育、体育、艺术、科技五大领域，且每门校本课程的设置都以系统的理论支持和丰富的实践经验为基础，配有课程类别、授课教师情况、课程背景分析、课程目标、课程内容简介、课程实施方案、课程特色分析等七个方面的实施纲要，保障课程的科学性和可操作性。

（三）课程内容

我校校本课程是在生命教育视野下，秉承"让生命在自强不息中绽放、在诚信友爱中多彩、在共生共荣中和谐"的教育理念，以活力绽放德育课程、思维绽放智育课程和冀英绽放综合素质拓展课程为方向开展生命教育。

1.活力绽放德育课程

德育课程理念：励志崇德焕活力，笃学创新促发展。

表1　活力绽放德育课程内涵一览表

总目标	理念	目标（六个学会）	内涵
培养社会主义建设者和接班人	励志	学会担当	明确社会主义建设者和接班人的责任，培养爱国情怀、担当精神、国家认同感，弘扬民族精神和传统文化，不断树立为共产主义远大理想和中国特色社会主义共同理想而奋斗的信念和信心。
	崇德	学会做人	培养学生的爱国热情和民族文化的认同感，将社会主义核心价值观教育内化于心、外化于行；树立规则意识、公民意识、法治观念，培养学生有良好的品行，养成良好的行为习惯；树立正确的世界观、人生观和价值观。形成尊重他人、乐于助人、善于合作、诚实守信等良好品质。
		学会生活	珍爱生命、人格健全、心理健康，具备自我管理能力，有阳光的心态、博爱的胸怀。
	笃学	学会学习	学生能自主学习，掌握学习方法和策略，有均衡的知识，乐学善学、勤于反思、乐于创新、勇于探究实践、传承中华优秀传统文化。教师掌握育人方法，家长掌握家庭教育方法，共同促进学生思想道德提升和学生文化知识水平提升。
	创新	学会创新	通过生活技能的学习、劳动实践、动手操作、合作探究，培养在实践中创新能力。积极参与自主管理、志愿服务和社团活动，在活动中发现自我，增强在实践中解决问题、适应挑战的能力和创新精神。
		学会审美	培养学生有端庄的仪态、高雅的品位、多彩的才艺，掌握人文思想中所蕴含的认识方法和实践方法，有高雅的审美情趣，树立正确的世界观、人生观和价值观，具有开放的国际视野、国际理解和综合人文素养，尊重世界多元文化的多样性和差异性。

德育课程总目标：做到"六个学会"，即学会担当、学会做人、学会生活、学会学习、学会创新、学会审美，培养社会主义建设者和接班人。

德育课程目标内容解析：

（1）学会担当：明确社会主义建设者和接班人的责任，培养爱国情怀、担当精神、国家认同感，弘扬民族精神和传统文化，不断树立为共产主义远大理想和中国特色社会主义共同理想而奋斗的信念和信心。

（2）学会做人：培养学生的爱国热情和民族文化的认同感，将社会主义核心价值观教育内化于心、外化于行；树立规则意识、公民意识、法治观念，培养学生有良好的品行，养成良好的行为习惯；树立正确的世界观、人生观和价值观。形成尊重他人、乐于助人、善于合作、诚实守信等良好品质。

（3）学会生活：珍爱生命、人格健全、心理健康，具备自我管理能力，有阳光的心态、博爱的胸怀。

（4）学会学习：学生能自主学习，掌握学习方法和策略，有均衡的知识，乐学善学、勤于反思、乐于创新、勇于探究实践、传承中华优秀传统文化。教师掌握育人方法，家长掌握家庭教育方法，共同促进学生思想道德提升和学生文化知识水平提升。

（5）学会创新：通过生活技能的学习、劳动实践、动手操作、合作探究，培养在实践中创新的能力。积极参与自主管理、志愿服务和社团活动，在活动中发现自我，增强在实践中解决问题、适应挑战的能力和创新精神。

（6）学会审美：培养学生有端庄的仪态、高雅的品位、多彩的才艺，掌握人文思想中所蕴含的认识方法和实践方法，有高雅的审美情趣，树立正确的世界观、人生观和价值观，具有开放的国际视野、国际理解和综合人文素养，尊重世界多元文化的多样性和差异性。

做**崇德**次中人	做**笃学**次中人	做**励志**次中人
学会做人 学会审美	学会学习 学会创新	学会担当 学会生活
初一年级	初二年级	初三年级

图3　德育课程分年级目标示意图

初一年级："做崇德次中人"：学会做人，学会审美。适应初中生活、规范行为习惯、强化自主管理，有明辨是非的能力，有对美好生活的追求和向往。

初二年级："做笃学次中人"：学会学习，学会创新。端正学习态度、掌握学习方法、敢于质疑，有探究精神和创新精神，能正确把握和对待青春期的心理和生理变化，有积极正确的生涯规划。

初三年级："做励志次中人"：学会担当，学会生活。有理想，有为自己的生涯规划努力奋斗的决心，有坚忍不拔的毅力和胜不骄败不馁的心态；树立正确的世界观、人生观、价值观，具有为国、为家乡、为校争光的使命感，有健全的人格；在学科中注意发展智力、培养能力、善于知识迁移，提高综合分析、整合各科知识的能力。

2. 思维绽放智育课程

思维绽放智育课程目标：在整合我校"自学、自练、自教、精讲的课堂教学方式"的基础上，进行高效课堂研究，围绕"以培养学生学科思维能力为目标，对探究式课堂模式的教学实践研究"的主题，构建以从核心素养出发解构成三维目标（知识与技能、过程与方法、情感态度与价值观），以落实"双基"

（基础知识和基本技能）为基础，以引导"问题解决"为核心，以培养"学科思维"为根本，追求学生对知识的理解，注重知识之间的联系，实现将所学知识运用于新情境的迁移。课堂以教师为主导，以学生为主体，以自学与探究为主要教学方式，提倡小组合作式学习。

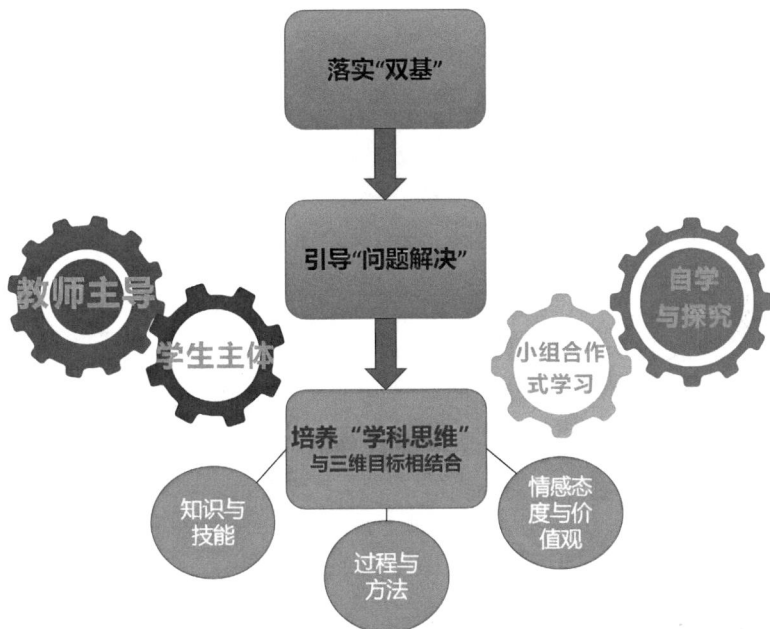

图 4　思维绽放智育课程目标示意图

我校学业课后服务时间为：初一年级 17∶05—17∶45，初二年级 17∶05—18∶00，初三年级 17∶05—18∶40。学业课后服务主要内容：课后辅导和课后答疑两部分。学校对每个年级创建 4 个特色课后答疑班：创新班、笃学班、励志班、崇德班。创新班以创新思维提升为主，笃学班以学科思维提升为主，励志班以基础巩固为主，崇德班以阅读素养提升和一对一辅导为主。授课教师由本年级市级骨干教师、区级骨干教师、校级骨干教师和学科优秀教师组成，满足不同层次学生的多样需求。学生自愿选择，如果有需求，教师也可以给出建议。学生填写《课后辅导、课后答疑申请表》，班级公示课程安排、教师的资质、上课地点等信息，所有课程供学生自由选择，为学生提供菜单式服务，学生可以根据自己的意愿随进随出。

图 5　课后服务班级设置示意图

3. 蕖英绽放综合素质拓展课程

蕖英绽放综合素质拓展课程的总目标是学生利用科技课外活动培育学生的创新精神和实践能力的研究，通过科技课外活动途径，研究培养学生的创新精神与实践能力的有效模式。

蕖英绽放综合素质拓展课程设有艺术、体育、科技、劳动等共 39 门课程。主要包括人与自己、人与他人、人与自然、人与社会四个维度，涉及人与自己14 门，人与他人 7 门，人与自然 4 门，人与社会 14 门（见表 2）。

表 2　"生命绽放"校本课程内容一览表

课程类型	课程名称	课程内容	所属小组
人与自己（14 门）	跳绳	1. 学习基础跳法以及各类花样跳法。 2. 学习大绳跳法和跟随音乐节奏跳绳。	体育小组
	长跑	学习长跑的基本动作并进行实际操练。	体育小组
	短跑	学习短跑的基本动作并进行实际操练。	体育小组
	轮滑	1. 学习轮滑常识，以及轮滑鞋、护具的穿戴方法。 2. 学习轮滑各种技巧。	体育小组
	踢毽	学习踢毽的各种技巧并进行实际操练。	体育小组
	跳远	学习跳远的基本动作并进行实际操练。	体育小组
	跳高	学习跳高的基本动作并进行实际操练。	体育小组
	跨栏	学习跨栏的基本动作并进行实际操练。	体育小组
	投掷	学习投掷的基本动作并进行实际操练。	体育小组
	巧手生活	学习制作生活中的各种小制作。	艺术小组

课程类型	课程名称	课程内容	所属小组
人与自己（14门）	笛子	1. 学习笛子的基本演奏方法。 2. 基本节奏的练习。 3. 表演的动作。	艺术小组
	书法	1. 书法的基本知识。 2. 学习基本笔画。 3. 临摹颜真卿的字。	书法小组
	美术	1. 学习绘画的基本功。 2. 学习各种绘画技巧。	美术小组
	读书	每周三从书架上自选一本书进行自主阅读。	崇德小组
人与他人（7门）	篮球	学习篮球的基本动作并进行实际操练。	体育小组
	合唱	1. 学习正确的站姿、坐姿以及发声口型。 2. 学习合唱基本的呼与吸的艺术以及合唱的技巧。	艺术小组
	拉丁舞	学习伦巴舞和牛仔舞的基本知识和舞步。	艺术小组
	民族舞	学习民族舞的基本舞步、掌握基本技巧。	艺术小组
	街舞	1. 了解掌握街舞的基本舞步。 2. 学习掌握基本技巧。	艺术小组
	木管乐团	1. 掌握基本的乐理知识。 2. 学习基本的演奏技巧。 3. 学习简单的节奏型。 4. 会唱曲谱。	艺术小组
	藁颂朗诵社	学习英语语言知识、文化知识、讲解知识、技能训练。	艺术小组
人与自然（4门）	劳动基地	学习劳动的基本技巧，感悟劳动的乐趣。	劳技小组
	校园植物	认识校园内的各种植物以及它们的特点。	生物小组
	校园动物	认识校园内的各种动物以及它们的习性。	生物小组
	天文地理	天文知识竞赛题汇编，天文观测仪器的使用，天文观测。	科技小组
人与社会（14门）	青少年人工智能编程	1. 学习计算机语言基础。 2. 学习制作各种小发明。	科技小组
	鲸鱼机器人	1. 学习计算机的基本操作方法。 2. 学习如何操作机器人。	科技小组
	未来工程师	木梁承重设计（如正位木梁，偏2位木梁），力学基础知识，木材基本特性，木梁结构特点，简单的受力分析及结构设计中的常见模型，自己动手制作木梁并应用相关技巧等。把常有的竞赛项目作为重点开发的课程内容。	科技小组
	建筑模型	建筑模型的制作教学分为两部分内容：第一部分使用模型搭建，教会学生使用常用工具、粘胶，在规定的时间内快速粘接好模型组件，培养学生动手、动脑能力、空间想象能力。例如"中国共产党一大会址""纸质核电站"等建筑模型教学内容。 第二部分创意建筑模型教学，教会学生利用公园椅子模型、可发光路灯、草粉、速干胶水、502胶水、塑料专用胶、模型树、路面纸、KT板等材料，充分发挥学生的设计想象，设计并制作具有一定创意的建造模型。例如"那么大城堡""阳光海岸""城市向往""中华庭院""锦绣江南""城市梦想"等课程。	科技小组
	车辆模型	学习制作各种型号的车辆模型。	科技小组

续表

课程类型	课程名称	课程内容	所属小组
人与社会（14门）	综合技能机器人	综合技能机器人和鲸鱼机器人的基本控制内容作为课程开发的重点内容，例如：初步认识机器人硬件结构和软件开发环境；基本控制机器人实现巡线，对路口判断，转向动作，舵机控制完成简单任务；完成具有一定综合型任务的课程内容，常见函数的调用与编写等，把常有的竞赛项目作为重点开发的课程内容。	科技小组
	超级轨迹机器人	学习制作超级轨迹机器人并学习实际操练。	科技小组
	校园剧	学习中国经典名著的舞蹈剧表演。	文学与社会小组
	模拟政协	学习模拟政协的基本常识。学习如何进行话题议案。	文学与社会小组
	航空模型	制作各种航空飞机模型。	艺术小组
	航海模型	1. 航模的基础知识。2. 简单航模的制作。	科技小组
	中学生课题研究	学习如何进行中学生的课题研究。	科技小组
	生命科学	学习生命的意义与价值。	生物小组
	蕙韵文学社	开展各种经典名著的学习。	文学与社会小组

说明：部分校本课程包含两个以上维度，课程划分以主要维度为主。

4. "生命绽放"学校课程体系及其内在联系

秉承"让生命在自强不息中绽放、在诚信友爱中多彩、在共生共荣中和谐"的教育理念，生命教育包含"活力绽放德育课程""思维绽放智育课程"与"蕙英绽放综合素质拓展课程"三大内容，其内部存在合理联系，不仅是社会发展的需求，更是人的生命得以全面发展的本质要求，这三大内容以生命为核心，以德智体美劳五育为形式，在实践过程中作为媒介促成五育融合，又关涉一切"有生之命"，最终超越于五育，落脚于鲜活的人本身，构成生命教育校本课程体系。

要实现五育并举，绝非易事，这需要一场整体的、系统的深刻变革，最终达成五育融合，促进人的全面发展。而在这场变革中，融合是最为关键也是最具挑战性的环节。在众多教育理念和实践探索中，生命教育宛如一束光，恰为五育融合提供了一条切实可行的路径，其强调对生命的尊重、关怀与呵护，与五育融合的理念不谋而合，能够促使德育、智育、体育、美育、劳动教育在生命的维度上相互交融、相互促进，为培养全面发展的一代新人奠定坚实基础。

生命教育的重要性更在于人本身。市场经济的世俗化和"科学主义"近乎盲目的信仰，使人们难以看到教育蕴含的生命价值，量表、档案、分数无法显示出学生的全部，冰冷的数据更不能代表鲜活的生命，过于信奉理性、效率、功利的倾向扰乱了社会生态，"唯分数、唯升学"的导向干扰了全面发展的素质教育的推进……人文精神价值迷失的首要原因在于对生命的错误认识，因此，解决问题的脉络也在于此。教育的原点在于育人，教育的价值取向直接作用于人的生命，因此教育是一项基于生命、通过生命、为了生命的事业，需回归学生的生活世界。而生命教育作为一种提升生命质量、获得生命价值的教育活动，无疑对学生健康成长与全面发展起到不可或缺的作用。

安排设置上，活力绽放德育课程贯穿于学生初中生活的始终，"六个学会"目标根据儿童身心发展规律与社会所需完整人格要求呈递进顺序，并依照分年级目标在初中三个年级有不同侧重；思维绽放智育课程在周一和周二进行，分为创新班、励志班、笃学班和崇德班，以培养学生学科思维能力为目标；蕈英绽放综合素质拓展课程在周三至周五进行，根据"人与自己、人与他人、人与自然、人与社会"四个维度开展，涉及德智体美劳五育，包括航模、校园剧、劳动基地等39门课程。"生命绽放"课程体系始于活力绽放德育课程、思维绽放智育课程重点在于智育，蕈英绽放综合素质拓展课程作为内容更多样的部分，承担起加速五育融合的功能，因此三类课程在时空上既相互独立又互为补充、相辅相成，共同构成了一个完整的生命教育系统。

于内涵价值上，人的全面发展理论、人的个性发展理论、全人教育学说与创新型人才与现代化人才理论一直是我国教育事业发展的方向，是无数教育者心中的罗盘，不仅在于其社会流动变迁的派生功能，更在于育人的原初功能。因此五育从并举走向融合是时代与人的共同需要，而生命教育恰恰为五育的融合起到了很好的桥梁作用，创设新型课程这一方法让"五育融合"进学科、进课程、进教学，进而实现体系化。

"生命绽放"课程首先打破了五育无法融入学生日常生活的困难。生命这一主题贯穿于人的一生，渗透于生活的方方面面。"生命绽放"课程采用"一育引领，诸育融合"的方法，以德育为切入点，以此发现"五育"、渗透"五育"、落实"五育"。道德源于生活，孕于生活之中，不存在脱离人的生命而抽象存在的道德，因此活力绽放德育课程覆盖初中的全阶段，以"励志崇德焕活力，笃学创新促发展"为理念，对各项目标的提出既全面又循序渐进，以学会做人为始，经过审美、学习、创新、担当等阶段，最终落脚于学会生活，以完备系统的德育课程焕发学生的生命活力，并渗透以德智体美劳五育的滋养。

"生命绽放"课程同时克服了五育融合的手段问题。"生命绽放"课程选择以活动课程作为引领载体来融合"各育"。例如，在蕖英绽放综合素质拓展课程中，活动课程围绕人的生活，分为"人与自己""人与他人""人与自然""人与社会"四个维度，既有人工智能编程等智育课程，也有校园剧等侧重美育的课程，这是研究性学习、体验式学习、实践学习的结合，学生在实践活动中认识生命、体验生命、实现生命的价值，真正实现了健全人格与全面发展。

最后，"生命绽放"课程解决了有关主体的问题，对教师与学生的功能都给予了新的阐释。如在思维绽放智育课程中，强调教师主导、学生主体，并鼓励自学、探究与小组式学习的方法，大大提升了学生的自我学习能力、培养了学科思维。在蕖英绽放综合素质拓展课程中，教导主体以小组为单位，有效提升了教师的合作与教学设计能力，在提供给学生更多选择的同时保证了课程质量。

（四）课程安排

根据通州区教委中教科制定的《通州区义务教育阶段地方课程课时安排表》和《通州区初中课程安排表》，我校的生命教育校本课程的上课时间为每周一至周五的下午。具体时间为：初一年级 17：05—17：45，初二年级 17：05—18：00，初三年级 17：05—18：40。

周一和周二主要是思维绽放智育课程，分为创新班、励志班、笃学班和崇德班。周三至周五上航模、校园剧等 39 门课程。

每一个学生每周可以上三门校本课程，课程采取自由报名与选拔相结合的形式确定学生名额。

（五）教师资源

每门课程由一名辅导教师和一名助教组织教学。任课教师由学校教师与外聘教师组成，目前学校教师 37 人，外聘教师 6 人。

（六）授课模式

通过开设生命教育校本课，落实生命教育的有关内容，根据生命教育的体验性、互动性、探究性，建构"一四二一"校本课程模式：

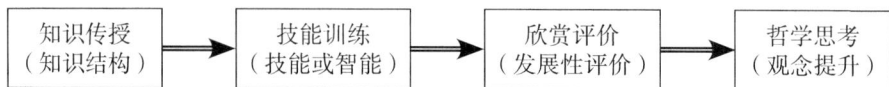

知识传授（知识结构）→ 技能训练（技能或智能）→ 欣赏评价（发展性评价）→ 哲学思考（观念提升）

图 6 "一四二一"校本课程模式示意图

知识传授、技能训练、欣赏评价、哲学思考四个环节在时间分配上的配比为 1:4:2:1，且每个教学环节都开发了相应的教学策略，积累了大量的教师的课堂教学反思与札记。

（七）课程评价

"生命绽放"校本课程采用以过程性评价为主体的评价方式，注重参与性、体验性、互动性和探究性。课程的评价主体为教师与学生，评价内容涵盖学生的参与度、课堂表现、体验程度、探究深度等，以学生填写学习反馈表、提交课程感受、颁发课程结业证书等形式呈现。

为了更加科学地追踪学生的学习过程，考察学生的学习效果，做出合理的课程评价，进而完善校本课程的设置和实施，学校制定了详细的生命教育课堂教学评价标准。在校本课程课堂教学"一四二一"模式的实施过程中，该评价标准从教学目标、学习条件、学习指导与教学调控、学生活动、课堂气氛、学习效果和课程特色共七个维度进行全方位的课程考核（见表3）。

表 3　生命教育课程课堂教学评价标准

学校		年级		授课教师		时间	
课题							
评价项目		评价要点				评分	
教学目标		1. 课程目标明确，有层次，可操作。 2. 初步掌握本课程教学特点，总结课程规律。 3. 在体验、互动、探究中建立情感、态度、价值观，达到学生健康成长的目的。				10	
学习条件		1. 学习资料是本课程内容拓展和链接。 2. 恰当运用多媒体技术。 3. 注意创设有利于体验、互动、探究的教学情境。				10	
学习指导与 教学调控		1. 教师学科专业教学基本功功底深厚、扎实，对课程理念理解深刻。 2. 教学按着知识传授、技能训练、欣赏评价、哲学思考四个环节进行教学互动。 3. 问题设计要具有启发性。 4. 能够关注不同层次学生，进行教学调控。 5. 恰当利用评价手段，调控课堂教学氛围。 6. 注意预设与生成的关系，运用教学机制进行调控。				30	
学生活动		1. 学生积极主动参与学习活动，学习能力有所提高。 2. 学生在思维上积极参与，积极发表个人的见解。 3. 学生在学习中，能够知行配合。				25	
课堂气氛		1. 课堂气氛宽松，有利于学生学习。 2. 师生关系和谐，体验有过程，互动自然、轻松，能够产生情感共鸣。				10	

续表

评价项目	评价要点	评分	
学习效果	1. 课程目标达成度明显，不同层次的学生都有所收获、有所感悟、有所积累。 2. 学生基本掌握了技能或智能的形成技巧。 3. 学生有浓厚的学习兴趣，并将学习兴趣延伸到课外。	10	
课程特色	在技能或智能训练环节，充分体现体验、互动、探究的课程理念，在教学方法上有创见。	5	
合计	简评：	总分	

参考文献

[1]冯建军. 生命与教育 [M]. 北京：教育科学出版社，2004.

[2]吴增强，高国希. 上海市中小学生生命教育研究 [M]. 上海：上海教育出版社，2006.

[3]胡成霞. 生命教育课程探究 [D]. 重庆：西南大学，西南大学硕士学位论文，2007.

[4]孙效智. 生命教育的实施与内涵 [J]. 哲学杂志，2001（35）：4-31.

[5]刘宣文，琚晓燕. 生命教育与课程设计探索 [J]. 课程·教材·教法，2004（8）：79-83.

[6]肖川. 生命教育的三个层次 [J]. 中国教师，2006（5）：28-30.

[7]梁曼诺. 有关生命教育课程实施的思考 [J]. 中国教师，2006（5）：30-32.

[8]冯建军. 生命教育的内涵与实施 [J]. 思想理论教育（上半月综合版），2006（11）：25-29.

[9]阮海洋. 生命教育校本课程的开发和实践 [J]. 教学与管理，2006（1）：43-45.

[10]张美云. 生命教育课程设计之思考 [J]. 教育科学研究，2006（3）：27-30.

[11]郑晓江. 生命教育的概念、内容和原则 [J]. 中国德育，2007（3）：30-32.

[12]杨乃虹，王丽. 论学校生命教育的内涵及实施策略 [J]. 徐州师范大学学报（哲学社会科学版），2007，33（4）：105-108.

[13]苏海针. 生命教育内涵之综述 [J]. 继续教育研究，2008（3）：50-52.

[14]施秋奕，谢伟. 以发展性辅导为载体的生命教育体系的建构——浙江省长兴县中小学生命教育的实践研究 [J]. 中小学心理健康教育，2009（20）：11-14.

[15]李高峰. 国内生命教育研究述评 [J]. 河北师范大学学报（教育科学版），2009，11（6）：18-22.

[16]肖杏烟. 大学生生命教育课程的构建与实施 [J]. 高教探索，2009（5）：77-81.

[17]刘小梅，张韵君，江伟. 大学生生命教育课程体系构建 [J]. 西南农业大学学报（社会科学版），2012，10（1）：164-167.

[18]郭萌萌. 高中生命教育课程开发模式探究 [J]. 吉林省教育学院学报（下旬），2013，29（1）：114-115.

[19]姚姿如，杨兆山. "以人为本"教育理念的意蕴 [J]. 教育研究，2011，32（3）：17-20.

[20]许世平. 生命教育及层次分析 [J]. 中国教育学刊，2002（4）：5-8.

[21]李政涛，文娟. "五育融合"与新时代"教育新体系"的构建 [J]. 中国电化教育，2020（3）：7-16.

[22]宁本涛. "五育融合"与中国基础教育生态重建 [J]. 中国电化教育，2020（5）：1-5.

[23]刘登珲，李华. "五育融合"的内涵、框架与实现 [J]. 中国教育科学，2020，3（5）：85-91.

[24]孙元涛，项玲连，赵妙娴. 论"生命·实践"教育学派创建的心路与理路——兼论学派创建对中国教育学术的时代意义 [J]. 教育发展研究，2021，41（24）：7-15.

[25]冉源懋，赵婷婷. 生命教育研究二十年：回顾与展望 [J]. 教育理论与实践，2021，41（25）：9-14.

[26]刘济良，马苗苗. 智能时代下教育的困境与坚守——基于生命哲学的视角 [J]. 教育发展研究，2021，41（20）：1-8.

"高质量发展"背景下，学校教育生态的重塑

李万峰

党的二十大报告指出，高质量发展是全面建设社会主义现代化国家的首要任务。答好副中心"二十年之问"①，着力提升学校治理能力，构建现代化学校治理体系，必须着眼于"教育高质量发展"。这其中，重塑教育生态至关重要。

当前，学校面临最大挑战就是如何在最短时间内完成与之匹配的系统变革。高效高质的教育系统通常由三个要素组成：有准备的学习者、熟练且积极的教师队伍、专注于教学的管理模式。因此，重点是要抓好"一个自主"和"四个提高"。"一个自主"是指培养学生的自主管理能力和自主学习能力，前者重点指向群体，后者重点指向个体。"四个提高"是指课堂教学水平提高、作业管理水平提高、课后服务水平提高、家校共育水平提高。"一个自主"是"四个提高"的前提保障。因为，学生自主能力提高了，才能为教师创造出更多提升的时间和空间。日本教育家佐藤学倡导 21 世纪的教师必须成为"学习的专家"。指导学生学会学习，以此为突破点，五育并举，重新构建学校课程体系和育人文化，配套更新制度体系和机制，变旧制度之阻为新制度之利，形成共情、共生、共育的良好氛围，最终完成学校生态系统的重塑。

一、引入"学习科学"初见成效

《现象式学习》的作者芬兰教育家科丝婷·罗卡提出：学校提供最好的服

---

① 城市副中心 2016 年启动规划建设，到 2035 年我国基本实现社会主义现代化，能否利用这 20 年时间把副中心打造成为中国式现代化进程中的城市发展样板。

务就是在这里学会科学的学习，并终身享用。教育的核心使命是帮助人学习。当前，学习科学因脑科学研究的突破和人工智能的发展，突飞猛进，越来越多的有识之士加入其中。基础教育领域改革，变"教"为"学"的呼声，也成为主旋律。2020年，我校引入了北京市学习科学学会的"友善用脑"项目和北京大学的"游戏化教学"项目。同时参加了北京教育学院"学习与思维"项目组的学习。

预测未来最好的方法就是创造未来。截至目前，我们不但收获了预期，更看到了希望。市区骨干教师已达22人，三年翻了一番，初三工作连续获优秀。更令人可喜的是，有了科学的用脑方法，学生开始主动规划回家学习时间，制定了自主学习计划表。干部、教师转变观念，主动创新。比如，了解了"情绪"对于学习的重要性，干部建议：学校每天午休后唱红歌。果然，学生下午上课，精神状态焕然一新。教师建议：每天放学，学生以班级为单位，背着古诗词一起出校门。每天听着那铿锵有力的声音，你感受不到倦怠和疲惫，校门口的家长们脸上也都露出了笑容。

二、"生命绽放"课程体系初步建成，补足短板

教育的本质是促进人的多样化、个性化发展。"苔花如米小，也学牡丹开。"不管什么样的学生，基于自身基础，都应该有一个成长平台。我校"生命绽放"课程体系秉承"让生命在自强不息中绽放、在诚信友爱中多彩、在共生共荣中和谐"的教育理念，以活力绽放德育课程、思维绽放智育课程和蓓英绽放综合拓展课程为方向开展生命教育。劳动课程的构建既补足了短板，也成为我们的亮点——校内校外基地联动现代农业种植和"家校社"统筹劳动培养体系的建立，受到市教委的表彰。

三、制度修订完成，机制创新开始

人们常说"上下同欲者胜""加强纪律性，革命无不胜""知己知彼，百战百胜"这些经典名言，都从某个方面讲了制度、机制、文化的重要性。为此，我们强化党建工作，以区级重点课题为引领，创建"生命绽放"党建品牌。加强组织机构，新设了科研处和课程处，完成了学习型组织的创建工作。重新修

订了《次渠中学制度汇编》，激发了干部、教师的活力。通过组织引领、价值引领、文化引领，开启学校现代生态建设的新篇章。

"后喻"时代①，丰富"教和学"的样态，从教育管理走向教育治理，我们希望探索出一条新的农村初级中学的科学发展之路。"为未来而教，为未来而学"，因为，未来已来，刻不容缓。

---

① 美国社会学家玛格丽特·米德将人类文明划分为三个文化时代：前喻文化时代、并喻文化时代和后喻文化时代。后喻时代，即老年人向年轻人学习的时代。

实事求是　因地制宜　转型升级　共创未来

李万峰

"双减"是党中央站在实现中华民族伟大复兴的战略高度，为落实立德树人根本任务作出的重要决策部署。要解决的是义务教育阶段最突出的问题，有些是顽疾重症，是教育内部光靠自身不能解决的，如囚徒困境，已经陷入恶性循环，非国家出手治理不可。要实现中华民族的伟大复兴，我们教育工作者也必须主动作为，依据国家政策，系统思考、顶层设计、深化改革、因地制宜、转型升级、提质增效，重建良好的教育生态，促进学生全面发展和健康成长，为党育人、为国育才。这是我们共同的心愿。我们学校的工作思路和目标是：实事求是，因地制宜，持续改进，落实"双减"及其配套政策，尽快完成转型升级，开创美好未来，办人民满意的学校。

次渠中学是一所农村初级中学，始建于1958年，占地5.6万平方米，建筑面积1.4万平方米，有30个教学班，教职工122人。学校的优势：属地政府和老百姓历来重视教育。学校连续多年获得初三毕业班工作优秀校，教师的拼搏精神被家长认可。学校面临的挑战：地处农村，优秀教师的流动造成学科优势不足。新教师多，培训压力大。近三年有39位新教师入职（含社会化人员）。40岁以上的中坚教师身体状况差，出现问题的比较多。

基于以上情况，"双减"前，我们就想改变，但有一个问题摆在我们面前：学校如何才能实现可持续的优质发展？正在此时"双减"到来，于是我们就确定了基本思路：借势而为，实施一体化改革。

首先，我们明确定位和差距。

学校未来定位和努力目标——京郊名校。名在哪儿？第一，人民满意，百姓认可。第二，教育教学水平高，有名师。第三，能为国家培养栋梁之材，有名校友。这是我们差距最大的一个，也是重点努力的方向。

我们的"双减"工作，就是在这样的思考后从五个方面展开的。

一、以"需求的角度"供给

以课后服务为例，为了满足家长和学生的需求，按需开展课后服务，我校通过问卷调查、家访、召开家长委员会等形式，了解家长和学生的需要，尽可能满足合理诉求，实现了菜单化供给。通过问卷调查，家长愿意参加我校课后服务的人数占调查人数的99.76%，学生对参加课后服务满意度为98.04%。

二、以"积极的情感"对待

强化宣传培训，加强目标引领。市、区教委的指示，我们分层宣讲，干部、教师统一认识，力求多角度换位思考，从国家层面、家长层面、学生层面、学校自身发展及利益相关者层面统筹考虑。我们认为学校落实"双减"的重点在"一个自主"和"四个提高"，"一个自主"是指培养学生的自主管理能力和自主学习能力，前者重点指向群体，后者重点指向个体。我们已开展：自主管理优秀班集体的评选、无人监考教室的申请、自主学习计划表的展示等活动。"四个提高"是指课堂教学水平提高、作业管理水平提高、课后服务水平提高、家校共育水平提高。从某种意义上说"一个自主"是"四个提高"的前提保障。因为，只有学生自主能力提高了，才能为教师创造出更多的提升时间和空间。如果教师教研的时间不能保证，就不会有一支高水平的教师队伍，"四个提高"就可能是空谈。方向明确了，还要主动而为，才能共同建设一所我们理想的乡村学校。我们发挥党组织的战斗堡垒作用，通过"专题民主生活会"和"'双减'我先行"，党员示范课活动，带动全体教师全员参与，积极投入。

三、以"创新的精神"落实

"双减"在校内主要减的就是大量简单、重复、低效的练习和作业负担，建设高质量的育人体系。我们力求从细节入手，先直奔主题，以作业管理为突破口，增强作业统筹能力，以个性化、针对性的作业提高质量。

（一）建立学校和年级作业质量管理领导小组

学校作业质量管理领导小组

以校长为组长，主管教学、德育副校长为执行组长，教学主任为副组长，年级干部和教研组长为组员的学校领导小组，组长、副组长负责把握"双减"工作方向，指导和监控作业质量，教研组长负责统筹和设计本教研组的作业。

年级作业质量管理领导小组

建立各年级组作业质量管理领导小组。由年级干部任组长，年级组长为副组长，各备课组长为组员。组长、副组长全面统筹本年级组作业情况，传达落实学校作业管理规定、监控本年级作业管理质量，备课组长统筹安排每天本学科作业内容。每周上交作业安排表，教务处检查。

（二）严控书面作业总量

教师不留或少留书面作业，指导学生在校内完成大部分书面作业。每天书面作业完成时间平均不超过 90 分钟。语文、数学、英语、物理每科每天书面作业量不超过 15 分钟，历史、地理、生物、化学、道德与法治学科作业原则上当堂完成，如确需留书面作业，每科每天不能超过 10 分钟，教师研修日及无课学科当日不留书面作业，其他学科不留书面作业；周末、寒暑假、法定节假日语文、数学、英语、物理每科每天书面作业量不超过 20 分钟，历史、地理、生物、化学、道德与法治每科每天不超过 15 分钟，其他学科不留书面作业。保证学生校内完成大部分书面作业。

教师要指导家长，引导学生放学回家后完成剩余书面作业，进行必要的课业学习，个别学生经努力仍完不成书面作业的，可以在 22:00 前按时就寝（睡不着的，教师给予了睡眠指导，如热水泡脚、听英语、调息等）。教师负责在课后服务时间指导学生完成作业。

（三）个性化作业布置要求（非书面作业）

根据学段、学科特点及学生实际需要和完成能力，鼓励提倡给学生布置个性化作业，引导学生进行必要的课业学习，从事力所能及的家务劳动，开展适宜的体育锻炼，帮助其养成良好学习生活习惯，防止过早完成作业，沉迷网络。

读书是为了遇见最好的自己。我校依托教育部重点课题，开展学生全学科阅读活动作为个性化作业之一，让学生从"学会阅读"向"通过阅读学习"过渡。学生不仅阅读文学作品或历史、社科类作品，也要数学阅读、科技阅读、艺术阅读、体育与健康阅读，全学科覆盖、全方位推进。各学科推荐阅读书籍或者文章，制定阅读任务单，让学生带着问题阅读。这学期，我校设立了开放性图书架，给学生提供丰富的阅读资源，学生按照借阅规定，可以选择在学校读书或者把书拿回家阅读。一本好书会改变一个人的一生，阅读可以为学生的成长注入内发动力，自动—自求—自得，学会自主管理和自主学习。

除阅读之外，数学、生物、物理、化学、地理学科每周可以布置 1 次科学探究作业；道德与法治学科每天引导学生观看《新闻联播》等时事新闻；体育与健康学科每天布置学生校外锻炼 1 小时作业；音乐、美术学科每周可以布置 1—2 次艺术欣赏作业；劳动技术学科可以引导学生利用已学知识进行创造发明，进行科学小制作。劳动个性化作业引导学生承担家庭日常生活劳动，清洁、烹饪、家居美化等劳动，进一步培养生活自理能力和习惯，增强家庭责任意识。

（四）作业公示

各班级、学科作业要公开，要做到各教师相互间可见，方便总量控制；各班设立作业公示栏，公示栏内容包括：学科、书面作业内容、完成时长。严禁超时布置作业。

（五）作业批改要求

作业要全批全改，及时反馈；作业批改要正确规范，写清批改日期；每次批阅要给至少三分之二学生写有针对性的、诊断性、鼓励性评语，其他三分之一学生可用励志贴、奖章、评语贴等方式。

（六）作业展示

学校设立个性化作业展示室、个性化作业展板，学校公众号同时做好宣传工作，让家长了解不一样的孩子们，促进各学科个性化作业设计，提高学生动手动脑能力，引导学生学以致用，发展思维。此做法已被北京市教委融媒体中心发现并报道。

四、以"科学的态度"推进

任何改革都不可能一蹴而就，必须实事求是、因地制宜，在遵循大原则的情况下走好自己的步伐，尽快尽好地实现改革的目标。

（一）课程

"苔花如米小，也学牡丹开。"我校新成立了课程处，以课程建设引领学校教育教学发展。正在构建"生命绽放"课程体系，在生命教育的视野下，秉承"让生命在自强不息中绽放、在诚信友爱中多彩、在共生共荣中和谐"的教育理念，打造蕖英绽放综合素质拓展课程、活力绽放德育课程、思维绽放智育课程，用于丰富课后服务。

1.蕖英绽放综合素质拓展课程

（1）社团改造

首先，对原有社团改造。我们讲清楚两者的区别：社团是面向部分，是拔优，以技能训练为主，为的是成功，拿奖牌。课程是面向全体，以育人为主，为的是成长，增加一种生命体验，获得感悟，升华情感。我校现有39门素质拓展课程，涉及体育、艺术、科技、文学、全学科阅读、地理、劳动、生命科学、社会科学等领域。所有课程供学生自由选择，提供菜单式服务，原则上半学期内可以调换。

学校所有干部都参与课程活动，保证活动的安全和质量。课程教师主要由我校各学科教师担任。像机器人、人工智能等专业要求较高的项目，聘请校外机构教师为学生进行辅导。

（2）劳动课程创建

习近平总书记2018年在全国教育大会上强调："要在学生中弘扬劳动精神，教育引导学生崇尚劳动、尊重劳动，懂得劳动最光荣、劳动最崇高、劳动最伟大、劳动最美丽的道理，长大后能够辛勤劳动、诚实劳动、创造性劳动。"这一重要论述，突出了劳动教育对于新时代立德树人的重要意义。我校制定了《次渠中学劳动教育实施方案》，分年级从家庭劳动、社会劳动和学校劳动角度建立课程。从研制框架—学科突破—借助校外优质资源三个方面入手。学校劳动除大扫除课程外，重点打造学校基地劳动和校外基地劳动，制定劳动教育内容和目标。培养学生从劳动中获得兴趣、从劳动中锻炼实践动手能力、从劳动中培养科学态度，提升学生研究的能力，养成良好的劳动习惯和品质。劳动素养的培养主要依靠劳动技术学科和班主任。劳动技术学科从学校、家庭、社会三个维度布置学生个性化作业；班主任负责校内扫除。

我校借助校外劳动基地优势，研究开发校外劳动课程，并选取有代表性的植物，例如花生，从植物起源、人文精神、特性、种植、采摘等方面进行研究，分项设置课程，并把学到的知识与学科相互结合。收获后，对学生进行感恩教育、友善教育，学生把自己种植的成果向家长、老师、朋友等分享，或者进行义卖活动和爱心捐款活动。

今后设想：发展盆栽，发展无土栽培、水培植物，用这些植物装点每层楼道，每个教室，让学生学习的空间到处充满自然的味道、劳动的气息、创造的魅力。

（3）体育课程提升

无体育不教育，习近平总书记2020年在陕西省安康市平利县老县镇考察调研时指出，对青少年的培养应该"文明其精神，野蛮其体魄"。我校以"走出教室、走向操场、阳光体育、健康成长"为主题，确保学生每天校内1小时体育锻炼，引导学生养成体育锻炼习惯和健康的生活方式，帮助学生在体育锻炼中享受乐趣、增强体质、健全人格、锤炼意志，达到"以体育人"的目标。号召全体学生"走出来、动起来、赛起来"。固定时段，每周三安排全校学生体育锻炼，每周四安排七年级和八年级体育锻炼；周五安排九年级体育锻炼。建立健全校园体育联赛体系，定期举行田径运动会、冬季长跑比赛；根据不同年级学生体能目标组织相应比赛或活动，初一，组织跳绳比赛；初二，组织拔河比赛；初三，组织体育拓展活动。为每名学生"赛起来"搭建平台。

2. 活力绽放德育课程

围绕理想信念、爱国主义、中华优秀传统文化等，开展德育主题教育活动课程。

3. 思维绽放智育课程

开设学习方法、学科思维方法和学科思想方法类小讲座。作为我校的思维绽放智育课程，在课业答疑、辅导时，根据学生需求进行分层辅导。成立骨干教师工作室，安排特级教师、市级骨干教师和区骨干教师打破年级界限，为学生提供服务。打破班级界限，为学有余力的学生开设创新班，为基础较好但是需要巩固、提高的学生开设笃学班，为基础薄弱的学生开设励志班，对学习有困难的学生进行作业辅导，开设崇德班。学生自由选择，随进随出。

课程是"跑道"，课程是"伟业"，课程是我们立德树人的关键。

（二）课堂

高质量的教育主阵地在课堂。只有重建教师的课堂行为，才能实现拿起简单的教材，实现复杂生命成长的目标。教育的崇高使命就是帮助学生成为更好的自己。

1. 培训提升

改变不改变，关键在理念。理念的更新，则离不开培训。2021—2022 学年第一学期，我校聘请专家进校园指导教学 24 次，为了培养青年教师，骨干教师做示范课 13 节，给青年教师做讲座 7 次，新教师做学习汇报课 22 节。

2. 项目引进

"双减"要求学校系统变革，其中变"教"为"学"是关键，是基础教育高质量发展的着力点。基于以上认识，在整合我校"自学、自练、自教、精讲的课堂教学方式"的基础上，进行高效课堂研究，2020 年 9 月，我校引入了北京市学习科学学会的"友善用脑"项目和北京大学教育学院的"游戏化教学"项目。探索我校的课堂教学模式，取得了一定的收获。

我校青年教师钮晓雯代表学校参加第四届全国学习科学友善用脑教学课堂改革展评活动，获得现场课一等奖。2021 年 9 月，在第一届"通武廊杯"新教师教学设计交流活动中，我校 3 名青年教师代表通州区参赛全部获奖。在通州区第九届"春华杯"上，我校取得了二等奖 2 人，三等奖 4 人的好成绩。另有多篇文章发表，多名教师在各种论坛做论坛发言或优秀课例展示。

更令人可喜的是，学生开始主动规划回家学习时间，制定了自主学习计划表。干部、教师转变观念，提出了非常好的建议，比如，了解了"情绪"对于知识掌握的重要性，有干部建议：为了放松大脑、振奋精神，我校每天 13 点 10 分到 13 点 20 分唱红歌，这样，学生下午上课，精神状态焕然一新。有教师建议：每天放学，学生以班级为单位，"齐诵"古诗词出校门，缓解疲劳、振奋精神，增加积累，一举多得，也成为一道风景。

3. 推进信息技术与学科融合

未来已来，需与时偕行。结合通州区教育信息化实验区工作方案，我校推进信息技术背景下的教与学改革实践探索。首先，利用双师互动课给学生答疑解惑，学生学会与全市优秀教师网上互动，我校双师平台参与率一直居通州区前三名。其次，青年教师利用平板电脑教学，创新课堂教学模式，深受学生喜爱。第三，我校还利用"智慧学伴"等信息资源辅助教学，满足学生个性化需求。第四，在教学设备方面新建了人工智能教室、名书法家智能教室等。第五，课题引领，我校信息化技术课题"利用教学成绩的可视化，提升教师大数据应用能力"等 13 项课题，被北京师范大学高精尖创新中心立为子课题。涉及数学、英语、物理、化学、生物、地理、历史、德育等方面。

（三）课题

苏联著名教育家苏霍姆林斯基曾说："如果你想让教师的劳动能够给教师带来乐趣，使天天上课不至于变成一种单调乏味的义务，那你就应当引导每一位教师走上从事研究的这条幸福的道路上来。"我们为此成立了科研处，号召教师们把教学中的共性问题，作为课题进行研究。各教研组围绕教育教学质量提升积极申报"十四五"课题，我校共申报课题 26 项，比"十三五"期间申报课题多 11 项。另外，我校还参与了 2 项教育部重点课题、1 项中央电教馆重点课题的研究。希望通过研究使教师获得幸福，并将幸福传导给学生。

五、以"发展的眼光"前进

"双减"是一项长期工作，质量提升、人民满意没有上限。我们将围绕国家未来发展的需要，立足城市副中心教育服务功能，以"十四五"规划和 2035 年远景目标纲要提出的要求为发展方向，立足现实，追求卓越。

（一）对外

1. 主动和小学一起，探索小、初衔接的新路径和有效方法。

2. 主动向先进校、优秀校学习，进一步拓展校外资源。

（二）对内

1. 引进"大单元教学设计"项目，进一步提升课堂质量。

2. 探索"家校合作"的新机制，实现共同育人的目标。

3. 进一步完善学校制度，塑造学校新的文化氛围。

4. 完成"生命绽放"课程体系的建设，培养"扎根中国大地，立志报效祖国"的"蕙锐少年"，探索农村初级中学创新拔尖人才培养的路径。

这是个大变革的时代，我们认为变革已经成为常态，在不确定性不断增加的情况下，更需要我们保持定力，只要不忘根本，目光向外、工作向内，奋发努力，持续改进，办人民满意的教育的目标就一定能够实现。

全国中小学科学教育实验校申报

李万峰

一、申报基础

（一）科技教育创新做法

次渠中学是一所具有优良传统的学校，近些年教学成绩都在全区前列，我们也把科技教育作为学校重点发展项目，确立科技教育在素质教育中的重要地位，不断完善科技教育的实施办法和管理措施，形成学校领导高度重视、广大教师积极配合、全体教师主动参与、共同创建科技教育特色学校的良好氛围，并将科技教育融入学校的整体办学中，渗透在日常教学里，具体创新做法有：

1.学校开设丰富的科技类课程，立足学校科技教育特色，满足学生多样化学习需求。近些年，学校开设的科技课程涵盖了人工智能机器人、科技模型、化学与物理、生物、地理等科学课程，其中人工智能机器人包括青少年人工智能编程、鲸鱼机器人、中鸣机器人、纳因特机器人；科技模型包括车辆模型、航空模型、航海模型、建筑模型、未来工程师；地理学科有天文；生物学科有生命科学；化学和物理学科有探索科学。

表 1 北京市通州区次渠中学科技类课程开设情况表

科技活动项	辅导教师	专业学历
青少年人工智能编程	李志刚	计算机本科
鲸鱼机器人	任思文	计算机本科
中鸣机器人	郭子夜	计算机硕士研究生
纳因特机器人	武文博	计算机本科
车辆模型	李月龙	物理硕士研究生
航空模型	殷向楠	物理本科
航海模型	杨华	数学本科
建筑模型	陈欣	地理硕士研究生
未来工程师	罗思维	化学硕士研究生
天文	申丽娜	地理硕士研究生
生命科学	乔鹏	化学本科
探索科学	朱小雪	化学本科

2.我校成立了科技教育工作领导小组,并成立科技教研组。在李万峰校长的引领下,学校配强科学副校长,林艳校长担任强科学副校长,李志刚老师担任科技教研组组长,成员有11位各学科的优秀教师,学历水平都是本科及以上,其中硕士研究生学历的教师有5名。学校在组织管理上形成了由分管领导、政教处、科技教研组及兼职的科技辅导教师组成的科技教育团队,能很好地完成科技教育工作任务。

3.拓展科学活动资源,形成学校科技教育的合力。近些年,我校邀请专家为学生讲授科技主题课程,邀请多名科学家给全体同学做科普讲座。北京科学中心是我校建立科普教育常态的合作单位,在未来我校将深入开展"请进来""走出去"活动。组织学生观摩与体验北京科学中心科教主题的场馆科学课,向学生传播科学思想和方法,提升学生科学素养。

(二)科技教育特色亮点

我校在人工智能和科技模型教育项目上积极探索、不断总结,积累了很多成功的做法和经验,形成了我校科技教育的特色。

人工智能教育方面:在信息科技课程和机器人课程教学中,注重实践性教学内容的挖掘与设计,注重与多学科融合教育、人工智能教育等有机结合。创新教学方式,倡导启发式、探究式、项目式学习,提升学生动手实践能力、创造性思维能力和合作能力。

在八年级信息科技课程教学中，突出了人工智能与物联网的教学，让学生了解人工智能及其应用领域，人工智能关键技术及其实现途径，利用 Kittenblock 编程平台与 Micro:bit 开源硬件图形化编程，通过项目式学习的形式，制作人脸识别门锁、小区车牌智能识别门禁、智能垃圾桶、景区人流疏导机器人、家庭智能医疗助手等探究性实践活动，培养学生动手实践能力、逻辑思维与计算思维能力。利用 ESP8266 模块与 Arduino UNO R3 开发板，制作智能家居与智慧校园系统，让学生了解物联网技术，把各种物理设备与互联网连接在一起，实现数据共享和智能化控制技术。

在机器人学生社团课程教学中，融入人工智能技术应用，机器人通过摄像头图像识别各组任务道具、识别不同颜色、识别二维码、识别道路位置，让智能机器人具有感知、认知、决策和执行能力，让学生在探索机器人的运行、编程、算法等知识的过程中，提高创造思维和解决实际问题的能力。

在人工智能学生社团课程教学中，利用 Arduino UNO R3 开发板和 Mixly 米思奇图形化编程，通过项目式学习的形式，制作智能小车、智能垃圾桶（物联网）、仿生机械手臂、万物互联智能家居（物联网）、围棋筛选器等项目，培养学生动手实践能力、计算思维能力、小组成员合作能力。

科技模型教育方面：在科技模型教育中，课程内容的设计上突出地域特色和人工智能技术的应用，例如航海模型教育中，我们融入运河文化，制作各种漕船、民船、官船等模型，应用人工智能技术，在模型中加入 Arduino UNO 开发板、摄像头、超声波传感器、灰度传感器、L298N 驱动板、电机、MP3 模块、喇叭等器件，制作具有智能功能的运河文化作品，弘扬运河文化，培养学生人工智能新思维，推广智能教育的新方法。

天文科普教育方面：我校是民盟天文科普教育基地示范校，2023 年 12 月 22 日，在运河星辰天文科普教育基地示范点授牌仪式上，通州区主管教育的副区长、民盟通州区工委主委董明慧为我校授牌。我校天文主题科技教育实验室建设项目正在建设中，以月面反射通信（EME 通信）为课程内容，对学生进行月面反射通信的基本原理、流程和具体操作方法的科普教育。提高天文科技教育普及率与实效性，促进学校科技教育特色发展，促进学生全面而个性发展，同时促进通州区科普教育的发展和提升。

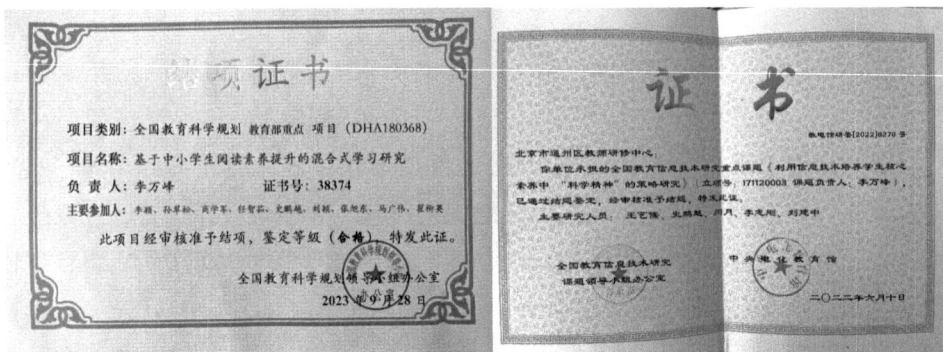

图 1 国家级科学教育课题成果

在培养学生科学素养和阅读素养方面，我校李万峰校长申报了两个国家级课题，这两项课题都已结题：全国教育科学"十三五"规划 2018 年度教育部重点课题"基于中小学生阅读素养提升的混合式学习研究"，课题批准号 DHA180368。全国教育信息技术研究 2017 年度重点课题"利用信息技术培养学生核心素养中'科学精神'的策略研究"，课题立项号 171120003。以李万峰校长申报的两个国家级课题为引领，在专家的指导下，理论与实践相结合，我校在培养学生科学素养和阅读素养方面取得了很好的效果。

（三）科技教育取得的显著成效

1. 学校获奖方面

近年来，次渠中学多年被评为通州区科技教育优秀校，多次承办通州区中小学学生科技竞赛活动、科技辅导员培训工作、"领航杯"通州区科技辅导教师基本技能的培训与竞赛工作，充分发挥次渠中学科技教育资源，学校科技教育辐射作用已经显现。

我校的模型社团多次被北京市通州区教委评为"蕴之星"学生科技团。

在科技教育探索方面，我校十分重视科技创新课程的开发，倡导以人工智能技术为框架，对青少年进行科技创新教育。通过科技创新课程，培养和发展青少年的核心素养。

表 2　北京市通州区次渠中学科技获奖（组织单位）一览表

获奖时间	颁奖单位	获奖名称	获奖级别
2019/10/1	北京市通州区教育委员会	在 2019 年通州区课外、校外教育理论研讨会论文征集活动中荣获"优秀组织奖"	区级
2019/12/1	北京市教育委员会	荣获第三十七届北京学生科技节——北京市中小学生电子与信息创意实践活动优秀组织奖	市级
2019/12/1	北京市通州区教育委员会	北京市通州区中小学科技教育示范学校	区级
2019/12/1	北京市通州区教育委员会	北京市通州区"蕴之星"学生科技团	区级
2019/12/1	中国科技协会	全国青少年人工智能活动特色单位	国家级
2020/10/1	北京市体育总会 北京市模型运动协会	2020 年北京国际航空模型邀请赛线上赛暨北京市青少年航空模型比赛优秀组织奖	市级
2020/12/1	北京市通州区教育委员会 通州区科学技术协会	在 2019—2020 年通州区青少年机器人竞赛中荣获优秀组织奖	区级
2020/12/1	北京市教育委员会	荣获第三十八届北京学生科技节——北京市中小学生电子与信息创意实践活动优秀组织奖	市级
2021/7/1	北京市通州区教育委员会	北京市中小学航天模型竞赛优秀组织奖	区级
2021/10/15	北京市教育委员会	荣获第三十九届北京学生科技节——北京市中小学生电子与信息创意实践活动优秀组织奖	市级
2021/10/23	北京市通州区教育委员会	在 2021 年"通州区中小学生技术设计创意大赛"项目中荣获优秀组织奖	区级
2021/11/1	北京学生活动管理中心、北京教学植物园、北京市教育学会劳动技术教育专业委员会、北京市教育学会小学科学教学专业委员会	2021 年北京市中小学生植物栽培大赛优秀组织奖	市级
2022/4/15	北京市通州区教育委员会	北京市通州区"蕴之星"学生科技团	区级
2022/5/5	北京市通州区教育委员会	青少年人工智能社团被评为 5 星社团	区级
2022/5/5	北京市通州区教育委员会	蒹葭青少年模拟政协社团评为 1 星社团	区级
2022/11/1	北京市通州区教育委员会	在 2022 年"通州区课外、校外教育理论探讨会论文评选活动"中被评为优秀组织工作奖	区级
2022/12/1	北京市人民政协理论与实践研究会、北京青少年科技创新学院	荣获 2022 年北京青少年"模拟政协"年度实践奖	市级
2023/3/1	北京市通州区教育委员会	北京市通州区中小学科技教育优秀学校	区级
2023/3/18	北京市通州区教育委员会	在 2023 年通州区中小学生技术设计创意大赛中，组织得力，成绩优秀，荣获优秀组织奖	区级
2023/6/1	北京市教育委员会	荣获第四十一届北京学生科技节——北京市中小学生天文观测竞赛优秀组织奖	市级
2023/10/14	北京市通州区教育委员会	在通州区中小学生机器人智能大赛中，组织得力，成绩优秀，获得优秀组织奖	区级

图 2　北京市通州区次渠中学科学教育区级荣誉

2. 学生获奖方面

我校科技教育工作特色鲜明，形成科技教育的品牌项目有：人工智能和科技模型教育。近些年来，我校学生参加各级科技竞赛获奖达到 934 人次，其中荣获国家级奖项 23 人次：一等奖 6 人次；二等奖 7 人次；三等奖 10 人次。荣获北京市级奖项 496 人次：一等奖 80 人次；二等奖 172 人次；三等奖 244 次。荣获通州区级奖项 415 人次：一等奖 113 人次；二等奖 114 人次；三等奖 188人次。

表 3　北京市通州区次渠中学科技获奖（学生）一览表

获奖时间	举办单位	获奖名称	奖项	获奖级别	学生姓名	备注
2019/11/9	国家体育总局航空无线电模型运动管理中心，中国车辆模型运动协会	2019"三圈霸道杯"第二十四届"驾驭未来"全国青少年车辆模型教育竞赛总决赛橡筋动力车拼装定点赛三等奖	三等奖	国家级	朱轩源	科技模型
2019/11/9	国家体育总局航空无线电模型运动管理中心，中国车辆模型运动协会	2019"三圈霸道杯"第二十四届"驾驭未来"全国青少年车辆模型教育竞赛总决赛橡筋动力车拼装定点赛二等奖	一等奖	国家级	郝路扬	科技模型

续表

获奖时间	举办单位	获奖名称	奖项	获奖级别	学生姓名	备注
2019/11/9	国家体育总局航空无线电模型运动管理中心，中国车辆模型运动协会	2019"三圈霸道杯"第二十四届"驾驭未来"全国青少年车辆模型教育竞赛总决赛 太阳能动力车直线竞速赛二等奖	二等奖	国家级	赵志强	科技模型
2019/11/9	国家体育总局航空无线电模型运动管理中心，中国车辆模型运动协会	2019"三圈霸道杯"第二十四届"驾驭未来"全国青少年车辆模型教育竞赛总决赛 橡筋动力车拼装定点赛二等奖	二等奖	国家级	王增辉	科技模型
2019/11/9	国家体育总局航空无线电模型运动管理中心，中国车辆模型运动协会	2019"三圈霸道杯"第二十四届"驾驭未来"全国青少年车辆模型教育竞赛总决赛 遥控二对二台球赛二等奖	二等奖	国家级	王增辉	科技模型
2019/11/9	国家体育总局航空无线电模型运动管理中心，中国车辆模型运动协会	2019"三圈霸道杯"第二十四届"驾驭未来"全国青少年车辆模型教育竞赛总决赛 遥控二对二台球赛二等奖	二等奖	国家级	朱轩源	科技模型
2019/11/9	国家体育总局航空无线电模型运动管理中心，中国车辆模型运动协会	2019"三圈霸道杯"第二十四届"驾驭未来"全国青少年车辆模型教育竞赛总决赛 遥控二对二台球赛一等奖	一等奖	国家级	郝路扬	科技模型
2019/11/9	国家体育总局航空无线电模型运动管理中心，中国车辆模型运动协会	2019"三圈霸道杯"第二十四届"驾驭未来"全国青少年车辆模型教育竞赛总决赛 遥控二对二台球赛一等奖	一等奖	国家级	赵志强	科技模型
2019/11/9	国家体育总局航空无线电模型运动管理中心，中国车辆模型运动协会	2019"三圈霸道杯"第二十四届"驾驭未来"全国青少年车辆模型教育竞赛总决赛 太阳能动力车直线竞速赛二等奖	二等奖	国家级	王增辉	科技模型
2019/11/26	国家体育总局航空无线电模型运动管理中心，中国航海模型运动协会	2019年"共筑家园"全国青少年建筑模型教育竞赛总决赛，纸建筑模型设计赛，中学女子组三等奖	三等奖	国家级	李佳芮	科技模型
2019/11/26	国家体育总局航空无线电模型运动管理中心，中国航海模型运动协会	2019年"共筑家园"全国青少年建筑模型教育竞赛总决赛，"锦绣江南"古典园林创意赛，中学女子组第四名一等奖	一等奖	国家级	李时芸	科技模型
2019/11/26	国家体育总局航空无线电模型运动管理中心，中国航海模型运动协会	2019年"共筑家园"全国青少年建筑模型教育竞赛总决赛，纸建筑模型设计赛，中学女子组三等奖	三等奖	国家级	李时芸	科技模型
2019/11/26	国家体育总局航空无线电模型运动管理中心，中国航海模型运动协会	2019年"共筑家园"全国青少年建筑模型教育竞赛总决赛，"中国共产党一大会址"建筑模型制作计时赛，中学男子组第三名一等奖	一等奖	国家级	柴钰轩	科技模型

获奖时间	举办单位	获奖名称	奖项	获奖级别	学生姓名	备注
2019/11/26	国家体育总局航空无线电模型运动管理中心，中国航空模型运动协会	2019年"共筑家园"全国青少年建筑模型教育竞赛总决赛，纸结构承重赛，中学女子组三等奖	三等奖	国家级	赵昊欣	科技模型
2023/07/29	国家体育总局航空无线电模型运动管理中心，中国航海模型运动协会	在2023年"我爱祖国海疆"全国青少年航海模型教育竞赛总决赛中荣获"戚继光"号训练舰模型直线航行赛中学男子组一等奖（第二名），编号：WAZGHJ-ZJS20230863	一等奖	国家级	李程	科技模型
2019/12/21	北京市教育学会，中国民航飞行员协会，航空航天科普教育委员会	在2019年"我的中国梦 我的蓝天梦"青少年航空航天竞赛活动"异星救援任务赛"中荣获中学组一等奖	一等奖	市级	潘浩宇	科技模型
2020/7/1	北京市教育委员会	第三届北京青少年创客国际交流展示活动——青少年创客作品展评一等奖	一等奖	市级	李子熹	人工智能
2020/7/1	北京市教育委员会	第三届北京青少年创客国际交流展示活动——青少年创客作品展评一等奖	一等奖	市级	常鸣	人工智能
2020/7/1	北京市教育委员会	第三届北京青少年创客国际交流展示活动——青少年创客作品展评一等奖	一等奖	市级	张玥	人工智能
2020/11	北京市体育总会，北京市模型运动协会	在第十二届北京市体育大会2020年京津冀车辆模型邀请赛暨北京市青少年车辆模型比赛中荣获1/24遥控车竞速赛（U18组）一等奖	一等奖	市级	苏晨	科技模型
2020/11	北京市体育总会，北京市模型运动协会	在第十二届北京市体育大会2020年京津冀车辆模型邀请赛暨北京市青少年车辆模型比赛中荣获二对二遥控车台球挑战赛（U18组）一等奖	一等奖	市级	郝路扬	科技模型
2020/11	北京市体育总会，北京市模型运动协会	在第十二届北京市体育大会2020年京津冀车辆模型邀请赛暨北京市青少年车辆模型比赛中荣获二对二遥控车台球挑战赛（U18组）一等奖	一等奖	市级	赵志强	科技模型
2020/11	北京市体育总会，北京市模型运动协会	在第十二届北京市体育大会2020年京津冀车辆模型邀请赛暨北京市青少年车辆模型比赛中荣获橡筋动力车拼装定点赛（U18组）一等奖	一等奖	市级	张雨涵	科技模型
2020/12/1	北京市教育委员会	第三十八届北京学生科技节——第二十一届北京市中小学生航天科技体验与创意设计大赛之航天知识网络答题竞赛中学组一等奖	一等奖	市级	郝懿男	生命科学

获奖时间	举办单位	获奖名称	奖项	获奖级别	学生姓名	备注
2020/12/1	北京市教育委员会	第三十八届北京学生科技节——第二十一届北京市中小学生航天科技体验与创意设计大赛之航天知识网络答题竞赛中学组一等奖	一等奖	市级	奚子腾	生命科学
2020/12/1	北京市教育委员会	第三十八届北京学生科技节——第二十一届北京市中小学生航天科技体验与创意设计大赛之航天知识网络答题竞赛中学组一等奖	一等奖	市级	忠张泽	生命科学
2021/5	北京市体育总会，北京市模型运动协会	微型电动自由飞竞时赛——中学组一等奖	一等奖	市级	奚子腾	科技模型
2021/5	北京市体育总会，北京市模型运动协会	3克橡筋滑翔机竞时赛（中学组）一等奖	一等奖	市级	李泽延	科技模型
2021/7	北京市体育局，北京市体育总会	"飞天梦"二级模型火箭——中学男子组一等奖	一等奖	市级	王泽岐	科技模型
2021/11	北京学生活动管理中心，北京教学植物园，北京市教育学会劳动技术教育专业委员会，北京市教育学会小学科学教学专业委员会	在2021年北京市中小学生植物栽培大赛中荣获中学组一等奖	一等奖	市级	马溪杭	生命科学
2022/11/1	北京市教育委员会	2022年北京市中小学生植物栽培大赛一等奖	一等奖	市级	于婧萱	生命科学
2023/6/12	北京市体育总会	在2023年北京国际航空航天模型邀请赛橡筋动力直升机竞时赛中获中学男子组第二名	一等奖	市级	李泽煜	科技模型
2023/5/20	北京市体育总会	2023年北京市青少年航海模型锦标赛"辽宁"号航空模型制作赛中学组第二名	一等奖	市级	郑泽阳	科技模型
2023/5/20	北京市体育总会	2023年北京市青少年航海模型锦标赛南湖"红船"1:40电动模型仿真制作赛中学组第三名	一等奖	市级	赵子天	科技模型
2023/5/20	北京市体育总会	2023年北京市青少年航海模型锦标赛C7纯纸质商品套材航海模型中学组第三名	一等奖	市级	张静涵	科技模型
2023/6	北京市教育委员会	第四十届北京学生科技节——北京市中小学生天文观测知识竞赛活动一等奖	一等奖	市级	王子羿	天文
2023/11	北京市教育委员会	荣获第四十届北京学生科技节——北京市中小学生人工智能竞赛智能定位任务赛初中组二等奖	二等奖	市级	薛宇彪	人工智能

二、申报特色

（一）运河科技人文特色课程建设

通州区，是北京城市副中心，北京市人民政府所在地。地处北京市东南部，京杭大运河北端，永定河、潮白河冲积洪积平原；西临朝阳区、大兴区，北与顺义区接壤，东隔潮白河与河北省三河市、大厂回族自治县、香河县相连，南和天津市武清区、河北省廊坊市交界。通州区历史悠久，历来为京东交通要道，漕运、仓储重地。水陆进京必经此地，促进了通州经济的繁荣和兴旺。2022年，被授予"国家森林城市"称号。

我校充分探索运河人文主题，结合新课标信息科技、生物、地理、历史、物理、化学、数学等学科，开展运河科技人文特色课程建设。

1. 特色亮点、创新做法

图3 "生命绽放"课程体系框架

我校基于大运河人文，在"生命绽放"课程体系下，构建了英锐科技课程，围绕区级"十四五"规划课题"北京农村中学创新拔尖人才培养策略"进行教科研究，充分发挥科技强国基点作用。从德育引导、科技引领、教学改革、创新平台搭建、创新实践课程、创新人才实践辅导六个方面进行研究。

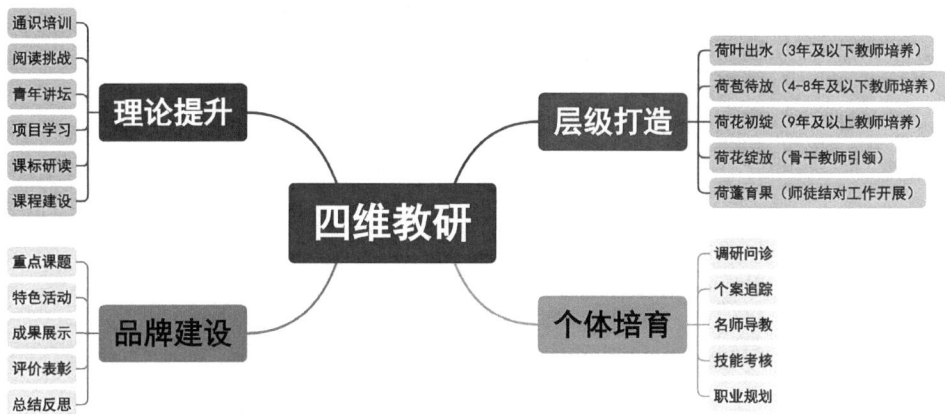

图 4　四维教研模式

将课堂教学与模型教育结合，充分挖掘运河文化底蕴，激发学生学习兴趣。

图 5　学生制作的运河船只模型

课程内容的设计上突出地域特色和人工智能技术的结合，例如把运河文化融入航海模型教育中，制作各种漕船、民船、官船等模型，应用人工智能技术，在模型中加入 Arduino UNO 开发板、摄像头、超声波传感器、灰度传感器、L298N 驱动板、电机、MP3 模块、喇叭等器件，制作具有智能功能的运河文化作品，弘扬运河文化，培养学生人工智能新思维，推广智能教育的新方法。

图 6　学生制作的大运河漕船模型

图 7　次渠中学学生参加第二届通州区运河文化创客挑战赛

2. 显著成效

（1）为了更好地实施我校科技课程特色化发展策略，开发适合时代发展需要的科技教育校本课程内容，我校科技教师开发编写了科技教育校本课程《初中信息科技创新实践活动探索》一书，该书已由北京教育出版社出版。该书中精心设计了适合学生、符合时代发展需要的科技课程内容，课程资源的选择从同学们的年龄特点和兴趣爱好为出发点，以培养和发展同学们的核心素养为宗旨，为祖国培养庞大的科技人才为目标。从青少年人工智能编程、运动模型、建筑模型、综合技能机器人、鲸鱼机器人、未来工程师、天文地理共七个方面精选了丰富的课程内容，为学校科技教育奠定了基础。

（2）学生通过对身边的科学技术实践探究，激发了科学学习兴趣，自主组建了各种科学社团，并积极参与各项赛事，取得了不俗的成绩（详见表3）。

（二）馆校结合协同提升科学素养

我校是民盟天文科普教育基地示范校，2023年12月22日，在运河星辰天文科普教育基地示范点授牌仪式上，通州区主管教育的副区长、民盟通州区工委主委董明慧为我校授牌。

图8　运河星辰天文科普教育基地示范点揭牌仪式

图9　学校被评为民盟天文科普教育基地示范校

1.特色亮点、创新做法

（1）天文主题结合信息科技课程开发

以月面反射通信（EME通信）为课程内容，对学生进行月面反射通信的基本原理、流程和具体操作方法的科普教育。

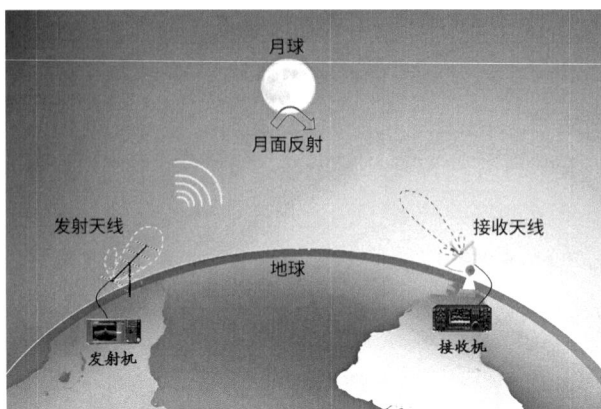

图 10　月面反射通信示意图

EME 通信初期，由于编码技术、电子器件等方面的限制，所使用的天线设备庞大，发射机功率需高达几百甚至上千瓦，其复杂度、经济成本对大多数人来说遥不可及。随着高频电子技术和信号处理技术的不断发展，EME 通信系统也不断演进。学校通过和天文馆合作，将前沿的科学技术结合中学科学课程核心知识点，开发出适合中学生的科学探究实践课程。

（2）学生"走出去"、科学家"请进来"系列活动

2023 年 5 月，教育部等十八部门关于加强新时代中小学科学教育工作的意见，着力在教育"双减"中做好科学教育加法，一体化推进教育、科技、人才高质量发展。意见明确用好实践场所、推出优质资源、做强品牌活动、推进学科建设、开展科学研究、调动社会力量，推动中小学科学教育学校主阵地与社会大课堂有机衔接。创造条件丰富内容，拓展科学实践活动。各地要按照课程标准，开展实验和探究实践活动，落实跨学科主题学习原则上应不少于 10% 的教学要求。各校要由校领导或聘任专家学者担任科学副校长，原则上至少设立 1 名科技辅导员、至少结对 1 所具有一定科普功能的机构（馆所、基地、园区、企业等）。要"请进来"、"走出去"双向互动开展实践活动。在"请进来"方面，开展"科学家（精神）进校园"、少年科学院、流动科技馆、流动青少年宫、科普大篷车、科技节、科学调查体验等活动。在"走出去"方面，组织中小学生前往科学教育场所，进行场景式、体验式科学实践活动。

我校积极落实"请进来"、"走出去"双向互动实践活动：

2019 年 5 月，我校邀请北京植物园王康教授为全体同学讲了主题为"神秘的植物世界""动植物大战"的科普讲座。

2019 年 12 月，我校邀请中国科学院国家天文台郑捷博士到次渠中学为全体同学主讲天文讲座"地外文明探索"，带领同学们遨游美丽星空，了解天文知识。

2021 年 5 月，我校初一年级外出参加北京市中小学生航天科技体验活动，围绕航天育种主题，系统地学习航天育种奥秘。

2021 年 7 月，我校邀请北京大学教育学院学习科学实验室肖海明博士线上为我校人工智能、机器人课外小组的同学们讲授 15 课时的人工智能与 Python 编程。

2023 年 3 月，我校初二年级部分同学外出参加 2023 年通州区科技嘉年华活动。

2023 年 6 月我校邀请中国科学院国家空间科学中心研究员、博士生导师、中国科学院大学空间科学系统工程教研室李明涛主任，为全体同学主讲了主题为"调皮的小行星"的科普讲座。

（3）天文主题科技教育实验室建设

我校天文主题科技教育实验室建设项目正在建设中，希望通过具体实践场景的建设，提高天文科技教育普及率与实效性，促进学校科技教育特色发展，促进学生全面而个性发展，同时促进通州区科普教育的发展和提升。

2. 显著成效

学生通过对前沿科学技术的实践探究，极大地激发了科学学习兴趣，积极参与各项实践活动，并与家校共育形成了有效的衔接。

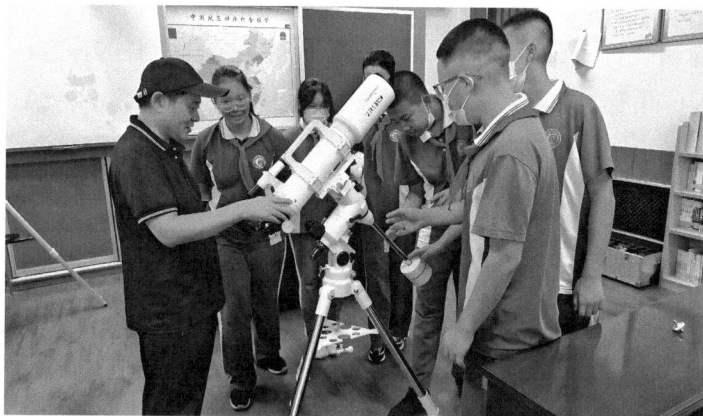

图 11　学校天文观测小组活动

近年来，我校参加北京市中小学生天文观测知识竞赛活动和通州区中小学生天文观测知识竞赛活动，获奖 39 人次，其中一等奖 16 人次、二等奖 6 人次、三等奖 17 人次。

图 12　多名学生在市区级天文观测知识竞赛活动中获奖

三、工作计划

科学教育不仅仅是传授知识，更是培养科学思维、创新能力和实践能力的重要途径。如何有效地进行科学教育课程建设成为了我校和教育工作者面临的重要课题。

（一）建设目标：以运河科技人文为特色的科教实践体系建设

依托通州独特的运河文化和生态资源，历史文化学科与信息科技、地理、生物、物理、化学、数学等科学学科融合，建设既有人文素养底蕴，又具备科学实践能力和科创思维的复合型人才培养体系。

创新人才的成功除了天赋因素之外，还涉及个体的心智和人格发展问题，不能认为小学时期的爱因斯坦已经有了后来的物理学见识。他的科学功底、见识和想象力也是随年龄、阅历、学习、思考在发展的。因此，创新人才的心智和情感发展及其阶段性是人才培养的重要考虑。依托运河文化深厚底蕴，以运河生态特色的航运交通、通讯生活、工程制造、生态保护、天文、人文六大应用领域，借助信息科技的融合辅助能力，结合地理、生物、物理、化学、数学等基础学科，开发校内、校外体系化的运河科技人文特色课程体系。

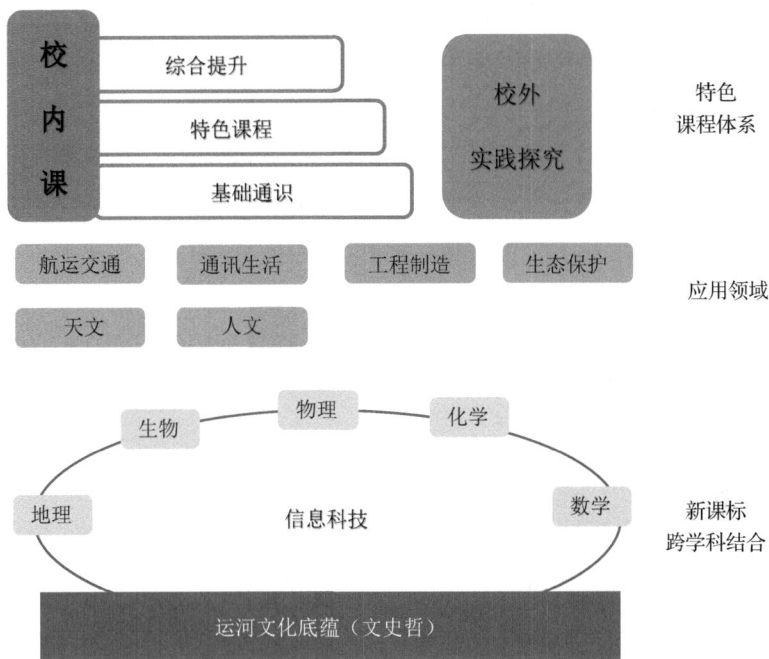

图 13　运河科技人文特色课程体系

（二）重点任务

1. 建设运河科技人文特色课程体系。

2. 建设创新科技人才培养与遴选机制。

3. 建设科学教育教师成长体系。

（三）推进举措

1. 积极推进特色实践课程开发

新课标强调学生用中学、做中学、创中学，因此，学校将积极调动各方资源，鼓励老师进行科学实践探究型课程的开发。

2. 整合校内外资源，提供良好的教学设施保障

科技的发展离不开科学教育，科学教育离不开理论探究和实践创造，为了给教师提供创新教学方式变革和学生实践探究的空间，学校将加大实验室配备建设。设施强调学科融合，注重现代技术与教育教学的有机融合，根据课程内容发展需要具有适度的前瞻性，努力营造多样发展的实践探究活动环境，满足不同层次学生发展的需求。

3. 加强科学教师培养培训，提升专业水平

加强科学教师培养培训，提升专业水平。中学科学教育主要以分科教学形式开展，数学、物理、化学、生物等科学类课程教师专业化水平相对较高，但跨学科整合教育教学能力仍有待提升。同时，从善讲课本、擅长解题，到善于利用多种资源、采取多种方式开展教学并进行拓展，充分展示科学之美、涵养科学精神，激发学生科学学习兴趣、提升实践动手能力，我们需要一支更加优秀的中学科学教师队伍。加强中小学科学教师专业发展研究，引领规范发展。加强科学教育专业建设，围绕科学课程教与学开展创新性、实践性的研究，加速推进循证研究范式转型。

（四）组织保障

1. 组织架构

由校长牵头，科学副校长主管，统筹教研教学、实践活动、组织保障三方面工作，各项工作任务纳入年度考核指标，保障项目落地实施。首先，由各学科组教师共同参与，借助校外专家资源，进行课程开发和教研探索，重点落实新课标教学，兼顾社团和竞赛人才培养。由实践中心或德育中心，落实学生实践活动。由信息中心和后勤安全部门，协同家长志愿者，做好充分的保障工作。

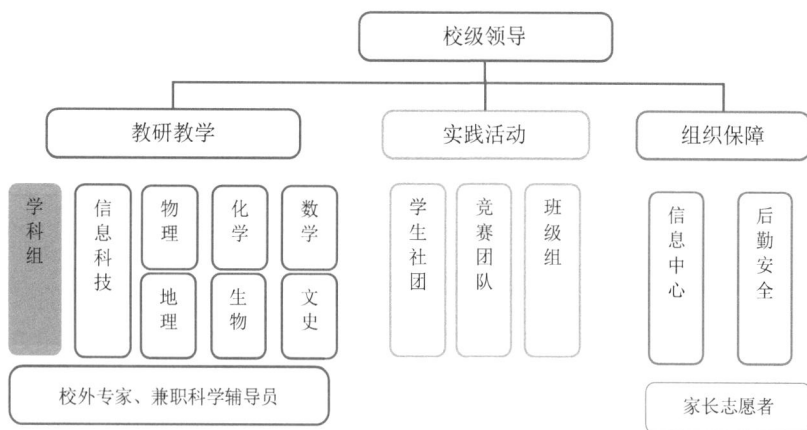

图 14　学校科学教育组织架构

2. 人员配备

学校科学类课程（数学、物理、化学、生物、地理、信息科技 / 信息技术、文史等）专任教师和专职科技辅导员数 17 人。学校坚持科学教育的重心在课

堂，将培养一支优秀的科创教师团队作为科技特色教育成功的关键。由信息科技教研组牵头，综合各学科教师组成大科学教研组。集中开展教学研讨活动，借助教师不同的专业背景，在实践能力、课程开发、教学科研方面都能起到专业互补、合作教学的作用。

3. 设施保障

学校目前拥有实验室 8 间，其中 2 间科学教室、3 间信息科技教室，另外体育馆、多功能厅、活动室、图书馆等场地，可为科技教育活动提供空间保障，曾多次举办社团活动、科技节、科普讲座、小课题答辩会等活动。

学校拟将原信息科技教室和科创教室升级，引入各种信息科技、科学套材设备，搭建不同的应用场景，为学生开展科学探究提供更好的教学场景和实践器材支持。

4. 经费保障

学校近年在科技教育方面投入逐年增长，已达 208 万元，用于设备采买、专家指导、教师培训、学生活动等。

未来三年，学校将统筹公用经费、实践活动经费，并尽量争取到区教委、市教委的专项活动、课题研究经费，拟持续投入上百万元，完善特色课程体系建设、扩大科学实践空间建设、引进先进的科学实践设备、提升教师科学素养等。

四、改革重点

（一）特色课程资源开发

1. 拟采取的工作措施

整合校内外优质教育资源，以学校特色为核心，与北京师范大学、天文馆、通州产业园高新企业等机构单位深度合作，重点开发运河生态主题的航运交通、通讯生活、工程制造科技应用场景的特色课程。具体包括以下内容：

从丰富课程到高阶知识的超前推进，完善基础教育阶段的科技人才培养体系；

建立从通识教育到专业化培养体系，探索不同创新人才的不同培养路径；

建制化定向培养与个性化自由发展体系，辅助生涯辅导，在学生成长期树立正确的价值观、科学观念。

2. 拟破解的重点问题

利用信息技术等手段，教师可以获取更多的教学资源，从而丰富教学内容，帮助学生更好地理解和掌握科学知识。

基于应用场景的特色课程内容，通过前沿科技激发学生的兴趣，通过系统的科学实践教学，培养学生科学家思维。

3. 拟取得的改革成效

开发特色校本课程，形成一套适合次渠中学的特色科教实践系列教材。

丰富课程内容，扩宽学生视野。不同层级的课程，引导不同能力水平的学生参与更多的实践、赛事活动。

（二）教学方式变革、场所场景构建

在新课标的指引下，我们更认识到培养学生科学素养的重要性，并了解到实践教学在学习知识中的关键作用。为此，我们需要对教学场所进行全新的构建，打造一个以科学实践教学为核心的环境，让教师们有足够的空间去尝试和探索新的教学方法，以满足创新人才培养的需求。

对于这个新场所，我们需要进行深入的规划。它不仅是一个物理空间，更是一个充满活力的教学平台。在这里，学生可以通过实践操作来深化理论知识，教师也能在实践中探索更有效的教学方法。

场所的构建，将面临一些挑战。如何确保实践教学与理论教学的平衡？如何设计出既符合科学原理又吸引学生的实践活动？如何通过这个场所来提升教师的教学效果？这些都是我们需要思考和解决的问题。

一旦这个场所建成并投入使用，我们预期会带来一系列积极的影响。首先，学生的学习方式将发生改变，他们会更主动地参与到学习中，对知识的探究欲望将被激发。其次，教师的教学效果将得到显著提升，新的教学方式将帮助他们更好地引导学生，实现教学相长。

我们期待这个场所不仅仅是一个教学场所，更是一个创新的教学平台。在这个平台上，我们可以进行与新教学方式相关的课题研究，发表相关的论文报告，分享我们的研究成果和实践经验。这不仅能提升我们自身的教学水平，也能为整个教育界提供有益的参考。

总的来说，通过教育方式的变革和场所的重新构建，我们期望能够为学

生创造一个充满探索和实践的学习环境，激发他们的学习兴趣和探究欲望。同时，我们也期待为教师提供一个能够不断创新和提升教学效果的平台。我们相信，这样的变革将为我们的教育带来深远的影响，培养出更多具备创新精神和实操能力的学生。

科学教育做加法　为学生成长赋能强基

李万峰　林　艳

北京市通州区次渠中学始建于 1958 年，位于通州区西南部台湖镇，西邻亦庄开发区。近年来，随着台湖演艺小镇的建设和亦庄开发区内一批高科技企业的进驻，越来越多的科技元素带动着区域发展。为了更好地适应区域经济发展，次渠中学将科学教育作为学校发展的重要特色，将科学教育融入学生日常生活、融入课程体系、融入实践活动，对内强师资、重建设，对外整合科研机构及馆院资源，汇聚学校、社会、家庭合力，构建"大科学教育"育人体系，为学生成长赋能强基。2024 年 1 月，学校被确定为教育部首批全国中小学科学教育实验校。

运河人文科技特色课程，助力学生共筑科学梦

习近平总书记在 2016 年"科技三会"上强调"科技创新、科学普及是实现创新发展的两翼，要把科学普及放在与科技创新同等重要的位置"。科学教育不等于科技教育，而是要聚焦学生科学素养提升，激发学生好奇心、想象力、探求欲，培养学生的科学兴趣、科学思维和科学精神。

学校因地制宜，秉承"五育融合"的原则，在学校"生命绽放"课程体系框架下，开发构建了线下与线上结合的"英锐"科学教育课程体系。一是学校课程，包含数学、物理、化学、生物、地理、信息技术、通用技术等学科课程，包含小发明课程、运河人文科技特色课程等跨学科课程，包含种植、养殖、模型、人工智能等综合实践以及项目式学习课程。二是社会课程，包含机构访问、工厂参观、馆院合作等研学课程。三是家校课程，包含阅读课程、运

河星辰课程、科学家精神课程。线上课程主要包含自建的"一城三带"课程和国家智慧教育公共服务平台课程。

在学校报告厅外，陈列着一组"古运河场景模型"。学生通过制作运河岸建筑模型、桥梁模型、船只模型，再现古运河的繁荣景象。这组生动的模型，正是学校运河人文科技特色课程的实践成果。学校依托通州独特的运河文化和生态资源，从航运交通、通讯生活、工程制造、生态保护四大领域着手，将历史文化学科与信息科技、地理、生物、物理、化学、数学等科学学科融合，将课堂教学与模型教育结合，将人工智能技术与模型相结合，引导学生自主思考探究、开展项目式合作学习，制作智能化运河文化作品，充分挖掘运河文化底蕴，激发每位学生的科学兴趣，培养和发展学生的科学素养。在该课程体系下，"郭守敬开凿通惠河""唐朝的水电报与空中通讯"等都成为学生的研究课题，历史与现代、人文与科技以及多学科充分融合，给学生的学习探究带来更多乐趣。

此外，学校还将科学教育融入学生日常生活和活动中。例如，通过开展阅读活动，引导学生掌握科学知识、领悟科学家精神。五一小长假期间，每位学生都拿到了学校精心推荐的科普科幻类书单，包含了《袁隆平全传》《寂静的春天》《星星离我们有多远》等书目。学校申报并完成了两个课题，即全国教育科学"十三五"规划 2018 年度教育部重点课题"基于中小学生阅读素养提升的混合式学习研究"、全国教育信息技术研究 2017 年度重点课题"利用信息技术培养学生核心素养中'科学精神'的策略研究"。通过课题研究，学校将理论与实践相结合，在培养学生科学素养和阅读素养方面取得了很好的效果。

二十余个学生科技社团，助推拔尖创新人才培养

学校始终坚持"焕发生命活力，师生自主发展"的办学理念，践行"励志、崇德、笃学、创新"的校训，不断深化内涵发展，探索农村初级中学拔尖创新人才培养的路径。创新人才，是指具有创新精神和创新能力的在其所在行业的领军人士。创新型人才通常表现出灵活、开放、好奇的个性，具有精力充沛、坚持不懈、注意力集中、想象力丰富以及富于冒险精神等特征。在推动全校形成学科学、爱科学、用科学的氛围基础上，学校结合区域特点、学校特色、学生个性，开设了 20 余个学生科技社团，申报了"农村初级中学创

新人才培养路径的研究"课题，积极探索拔尖创新人才早期发现、贯通培养的模式。

2024年4月12日，学校举办首届科技节，在当天活动中，学校项目式学习与科技课外小组带来20余项科学教育成果展示，学生们争相体验科技创新带来的乐趣。"双减"政策实施以来，学校利用课后服务时间，开设了人工智能机器人、科技模型、天文、生命科学、探索科学等课后服务课程，其中人工智能机器人包括青少年人工智能编程、鲸鱼机器人、中鸣机器人、纳因特机器人；科技模型包括车辆模型、航空模型、航海模型、建筑模型、未来工程师。

学校引导学生积极参加"白名单"科学类竞赛活动，支持有潜质的学生投身科学研究，在竞赛活动中融入爱国主义、集体主义教育因素，锤炼学生为强国建设、民族复兴而矢志创新的坚毅品质。其中在人工智能机器人和科技模型方面，近年来学生参加各级竞赛获奖达到934人次，其中荣获国家级奖项23人次，荣获北京市级奖项496人次。模型社团多次被通州区教委评为"蕴之星"学生科技团。

通过科技社团活动，学生有了更多的获得感。校园科技之星、初二（2）班王子羿在课余时间完成过很多科技小制作，如海龟画图小程序、无人机飞行控制程序等。他说："我感受到了思考的乐趣、解决难题的喜悦以及团队合作精神，比赛让我的经验愈加丰富。我要不断学习、紧跟时代、永不言弃。"

整合校内校外资源，丰富科学教育实践育人载体

开展中小学科学教育，不仅要守住学校育人的主阵地，更要用好社会大课堂。学校主动探寻与各类科普场馆、科研机构、高校的合作途径，丰富科学教育资源，开拓校内外结合的科学教育创新模式。

学校多次邀请科学家、专家进校园，为学生讲授科技主题课程，开展科普讲座。2024年3月，学校邀请中国科学院院士匡廷云到校开展科普讲座，匡院士为学校题词"科学立校 教育创新"，并勉励学生们热爱科学，培养科学精神，争做科技强国建设栋梁。近年来，学校先后邀请北京植物园王康教授进校开展主题为"神秘的植物世界""动植物大战"的科普讲座，邀请中国科学院国家天文台郑捷博士带来天文讲座"地外文明探索"，邀请北京大学教育学院学习科学实验室肖海明博士为人工智能、机器人课外小组讲授"人工智能与

Python 编程"，邀请中国科学院大学空间科学系统工程教研室主任李明涛开展"调皮的小行星"科普讲座。

学校还整合校内外优质教育资源，以学校特色为核心，与北京师范大学、天文馆、通州产业园高新企业等机构单位深度合作。学校被评定为民盟天文科普教育基地示范校，通过和天文馆合作，将前沿的科学技术与科学课程知识点相结合，开发出适合中学生的科学探究实践课程。目前，学校正在建设天文主题科技教育实验室，为学生创设实践场景，提高天文科技教育的普及率与实效性。

此外，学校还通过组织研学活动，带领学生"走出去"，利用社会大课堂为科学教育拓展更大的学习场景和实践平台。例如，组织学生参加北京市中小学生航天科技体验活动，围绕航天育种主题，系统学习航天育种奥秘。学校还邀请家长陪同学生参加科普讲座、科技节等活动，动员家长与学生共同阅读科普科幻读物，发挥家庭在学生科学启蒙、科学实践能力培养等方面的重要作用。

三年行动计划，开启学校科学教育新篇章

2024 年 1 月，学校被确定为"教育部首批全国中小学科学教育实验校"，学校科学教育站在了新的起点上。作为一所农村学校，如何建设科学教育特色强校？如何更好地发挥区域辐射带动作用？学校在北京教育学院、北京教育科学研究院、北京师范大学、北京科学中心等多位专家指导论证下，制定了"科学教育三年行动计划"，分阶段明确了学科建设、实践研究、跨学科合作、教育资源整合等十项具体任务，通过三年的实践与完善，将探索形成适合农村学校的科学教育实施有效途径和人才培养创新模式。

学校专门成立科学教育工作领导小组。校长李万峰担任组长，林艳担任"强科学"副校长，统筹教研教学、实践活动、组织保障等工作。学校 17 名信息科技、生物、地理、历史、物理、化学等各学科优秀教师，组成"大科学教研组"，借助校外专家资源，进行课程开发和教研探索，重点落实新课标教学，兼顾社团和竞赛人才培养。

为了加强教师科学教育知识和教学能力的培训，培养一支富有科学素养、教学经验丰富的教师队伍，学校采取"提升自我 + 巧借外力"的方式，探索实

施"专家＋教师"的双师模式。一方面，积极鼓励教师参加各类培训与专业学习，建立一支专兼职结合的优秀科技辅导员队伍；另一方面，外聘专家成立了"院士辅导站"，聘请院士为科学导师，实现专家、工程技术人员指导与培训常态化。

未来三年，学校将从课程体系构建、教师队伍建设、教育条件和质量监测、学生评价机制改革、家校社协同共育、理论研究成果转化等六个方面，深入推进实验校建设工作，为学生提供更加优质的科学教育，为农村学校科学教育提供可借鉴的经验。

蕈英绽放育英才　协同聚智启新程 [1]

李万峰

尊敬的各位教育同仁：

大家上午好！

我是北京市通州区次渠中学书记、校长李万峰。

首先，向主办方上海华东师范大学第二附属中学和组织方江苏省建湖高级中学表示衷心的感谢，并预祝本次年会取得圆满成功！

我校虽地处北京，但却是一所非常普通的农村校。所以此次参会，是抱着积极学习的态度。按照会议要求，下面汇报一下我们的初步探索和思考。

一、机制共商

《三国志·吴书》有云："能用众力，则无敌于天下矣；能用众智，则无畏于圣人矣。"协同创新是推动科学教育改革的重要途径，也是一种有效机制。我校也是本着这个思路，首先，通过第一届科技节和实验校启动的方式，"昭告天下"我们正在做什么，希望得到大家怎样的帮助。为此，我们邀请市区教委领导、大学科研院所专家、出版社媒体场馆代表、乡镇领导、兄弟学校、家长代表都来参加活动，就是想建立一种常态机制，形成合力，建立共同推动科学教育事业发展的氛围。

二、课程共建

"三课一项目"统筹推进，协同发展。"三课"即课题、课堂、课程；"一

---

① 本文系次渠中学参加全国中小学科学教育实验校第25协同组第一次年会发言稿。

项目"即项目式学习。

课题：前期基础——2022年6月全国教育信息技术研究重点课题"利用信息技术培养学生核心素养中'科学精神'的策略研究"通过结题鉴定。2023年9月全国教育科学规划教育部重点课题"基于中小学生阅读素养提升的混合式学习研究"结题。正在研究——区级"十四五"规划课题"农村初级中学创新人才培养路径的研究"。已出成果——《初中信息科技创新实践活动探索》（北京教育出版社出版）。

课堂：

市级 化学市级教研员黄冬芳示范课引领

区级 物理教师跨学科研究课先行，区教研员指导

校级 青年教师探索课随后

课程：我校在科学课程开发上定位为运河人文科学特色。大运河建设展现了古人尊重自然、顺应自然，又创新协作、克服自然挑战的科学精神；大运河也促进了文化交流和融合，见证了历史、地理的变迁，成为中华文明的重要组成部分。

通州是大运河的北起点，学校以科学人才培养为目标，以创新科学知识和运河典型情景为内容特色，构建《运河人文科学特色课程》体系，结合地理、生物、物理、化学、数学等基础学科，开发校内、校外体系化的运河人文科学特色课程，旨在培养学生的科学基础、工程能力、创新意识和民族精神。

课程内容突出情景化、综合性，以融合科技知识和情景为内容。知识体系以信息科技为底座，结合物理、化学、数学等技术，融入生物、地理、历史等内容；情景应用则精选出既具运河典型特征、又体现创新科技亮点的四大应用领域：航运交通、通讯生活、工程制造、生态保护。

表1 运河人文科学特色课程

序号	牵头学科	课程主题	人文内容	科学内容	跨学科	预期成果
1	劳动技术	水上漂来的北京城：大运河的航运及漕船的设计制作	大运河的航运作用	漕船的设计与制作	劳动技术、历史、地理、物理	①文件：大运河航运史汇报书 ②展览：大运河漕运模型展
2	语文	守千年运河，传璀璨文化——大运河保护宣传册制作	大运河诗歌	大运河生态保护	语文、生物、历史、地理、美术	①大运河文化宣传册 ②大运河人文科学戏剧表演 ③大运河诗歌朗诵会

续表

序号	牵头学科	课程主题	人文内容	科学内容	跨学科	预期成果
3	历史	设计微型古今运河科技成就展	大运河北京段遗产	运河文化带中的科学技术	历史、地理、信息技术	①文件：展览方案 ②展览：为期1个月的微型运河科技成就展览
4	地理	大运河北京段船闸研究	北京大运河上的船闸	船闸工作原理	数学、物理	实物：简易船闸模型
5	信息科技	古今通信方式变革的研究	唐朝的水电报与空中通讯	模拟微信通讯	信息科技、历史	①古今通信方式变化 ②模拟微信通讯
6	生物、化学	大运河生态环境保护	大运河植物的介绍	运河水的净化	生物、化学、语文	①文件：植物简介 ②实物：水净化模型
7	物理	大运河北京段古桥结构研究	北京大运河上的古桥	桥梁结构力学	物理、历史、劳动技术、数学	实物：桥梁实物模型

项目式学习：经教师自主申报，首批开展了12个项目式学习活动。上表中所展示的是运河人文科学特色课程先期项目。

三、资源共享

开展中小学科学教育，不仅要守住学校育人的主阵地，更要用好社会大课堂。学校主动探寻与各类科普场馆、科研机构、高校的合作途径，丰富科学教育资源，开拓校内外结合的科学教育创新模式。

学校多次邀请科学家、专家进校园，为学生讲授科技主题课程，开展科普讲座。2024年3月，学校邀请中国科学院院士匡廷云到校开展科普讲座，匡院士为学校题词"科学立校　教育创新"，并勉励学生们热爱科学，培养科学精神，争做科技强国建设栋梁。近年来，学校先后邀请北京植物园王康教授进校开展主题为"神秘的植物世界""动植物大战"的科普讲座，邀请中国科学院国家天文台郑捷博士带来天文讲座"地外文明探索"，邀请北京大学教育学院学习科学实验室肖海明博士为人工智能、机器人课外小组讲授"人工智能与Python编程"，邀请中国科学院大学空间科学系统工程教研室主任李明涛开展"调皮的小行星"科普讲座。

学校还整合校内外优质教育资源，以学校特色为核心，与北京师范大学、天文馆、通州产业园高新企业等机构单位深度合作。学校被评定为民盟天文科普教育基地示范校，通过和天文馆合作，将前沿的科学技术与科学课程知识点相结合，开发出适合中学生的科学探究实践课程。目前，学校正在建设天文主题科技教育实验室，为学生创设实践场景，提高天文科技教育的普及率与实效性。

此外，学校还通过组织研学活动，带领学生"走出去"，利用社会大课堂为科学教育拓展更大的学习场景和实践平台。例如，组织学生参加北京市中小学生航天科技体验活动，围绕航天育种主题，系统学习航天育种奥秘。学校还邀请家长陪同学生参加科普讲座、科技节等活动，动员家长与学生共同阅读科普科幻读物，发挥家庭在学生科学启蒙、科学实践能力培养等方面的重要作用。

四、师资共培

为了加强教师科学教育知识和教学能力的培训，培养一支富有科学素养、教学经验丰富的教师队伍，学校采取"提升自我 + 巧借外力"的方式，探索实施"专家 + 教师"的双师模式。一方面，积极鼓励教师参加各类培训与专业学习，建立一支专兼职结合的优秀科技辅导员队伍；另一方面，外聘专家成立了"院士辅导站"，聘请院士为科学导师，实现专家、工程技术人员指导与培训常态化。

基于我校人文科学教育特色，我们还将语文、历史学科也纳入科学教师组，其次通过市、区、校教研联动的方式，加强教师队伍建设，希望培养一批具有国际视野、创新精神和实践能力的优秀科学教师。

五、标准共研

标准是教育质量的衡量尺度，是推动教育改革的重要依据。我校是通州区全学科阅读优秀实验校，最近，就科普和科幻阅读，我们推出了农村初级中学阅读书目，下一步将做导读手册和评价手册。想以此为抓手和突破点研究制订科学素养测评方案，力求在科学教育评价方面取得实质性进展。

以上就是我们的一点粗浅做法和实践，不当之处欢迎批评指正！

谢谢大家！欢迎大家有时间莅临我校指导！

通州区次渠中学科学教育三年行动计划及一年实施方案

李万峰

在"双减"政策大力实施、全面推进科学普及工作和提高全民科学素质行动的背景下，教育部等十八部门联合印发了《关于加强新时代中小学科学教育工作的意见》(以下简称《意见》)。《意见》明确了中小学科学教育的改革方向；强调了社会各方面资源的有机整合，尤其是发挥学校主阵地与社会力量协同育人的重要作用；部署了促使科学教育体系更加完善和有效实施的工作机制，为学校的教学与服务改进提供了有效途径；对在"双减"中做好科学教育加法，培育具备科学家潜质、愿意献身科学研究事业的青少年群体具有重要意义。教育部随后启动了"科学教育"试验区和实验校的申报工作。我校积极响应并结合自身发展需要，主动申报成功获批，现特制订三年行动计划和一年实施方案。

三年行动计划：构建高质量科学教育体系

青少年阶段是培养科学兴趣、学习科学知识、养成科学思维的关键时期。初中阶段是每个孩子接受教育的基本阶段，科学教育是这一阶段非常重要的一部分。科学教育不仅可以培养学生的科学素养和科学精神，还可以帮助他们在未来的学习和生活中更好地理解和应用科学知识。

为了提供优质的科学教育，将拔尖创新人才培养"关口"前移，找到农村中学的基本路径，三年内，我校将围绕以下六个方面和十项重点工作着力推动。

（一）强化科学教育顶层设计

研究制定《次渠中学科学教育课程体系框架》，明确学校科学教育发展的方向，在强化大中小幼衔接的科学教育体系设计和布局中，科学设定初中学段的科学教育目标，加强新时代科学教育改革与发展的组织保障和条件保障。

（二）加强科学教师队伍建设

规范科学教师队伍体系，提高专任科学教师比例、明确科学实验员配备的基本要求。优化科学教师激励和培训机制，以教师发展共同体建设提升教师科学素养、推进科学教学创新。邀请科学家、工程师等科技人才参与校内科学教育，探索建立"科技专家＋科技教师"双师制新模式，尽快建成一支规模适当、素质优良的科学教师队伍。

（三）完善科学教育条件和质量监测体系

重点加强实验室建设、实验员配备；就课时总量和结构、教学方式、实验教学等科学教育条件和活动进行监测和改革。强化学生科学观念、科学问题解决能力、动手实践能力、创新能力等科学素养和高阶思维能力发展状况监测。合理设定科学教育中纸笔测试和动手操作的比例，加强实验教学，增设实验操作考查。

（四）推动学生评价机制改革

通过综合评价等方式，强化学生评价考核的素质导向，以评价改革引领和带动拔尖创新人才培养模式的转变。更加重视学生学习过程、探究实践、科技活动参与等过程性评价，注重对专业潜能、科技竞赛表现等方面的评价，形成更加科学的综合性评价体系和评价机制。为具有科技特长的学生制订个性化培养方案、提供更多研究性学习资源支持。

（五）构建全社会协同的"大科学教育"格局

以学校为主体，构建学校、科研机构、高校、社会机构和企业等各类主体共同投入、协同参与的科学教育资源开发和利用的共育生态。重视科技馆、高科技企业、高校和科研机构等在校外科学教育中的作用，鼓励带领学生到此类机构参观学习、开展课外实践活动。

（六）强化科学教育的研究与实践

以区级课题"农村初级中学创新人才培养路径的研究"为平台，强化科学教育基础理论研究和科学教育多模态数据收集与分析，深化对学生科学学习的认知和思维规律、青少年人才成长规律以及科学教学规律等的研究，更好促进我校科学教育高质量发展。

十项重点工作及完成时限

（一）确定基础学科及拓展学科（第一年）

初中阶段，学生学习的基础学科知识，包括数学、物理、化学、生物、地理、信息技术、通用技术等领域的基本概念和常识。这些知识可以帮助他们建立对科学的基本理解，为进一步的学习和发展奠定基础。拓展学科为语文和历史，语文学科负责科普阅读和科幻阅读的指导，历史学科负责梳理中国历史上的科学成就。

（二）建立实践探究的机制（前两年）

在科学教育课程中，应该强调实践和探究。学生们不仅要通过课本学习科学知识，还要通过实验和实践来加深理解和掌握相关知识。这样可以培养他们的动手能力和实际操作能力，让他们对科学更加感兴趣和热爱。

（三）培养科学思维和方法论（三年）

科学教育课程还应该注重培养学生的科学思维和科学方法论。学生们应该学会用科学的眼光看待问题，用科学的方法解决问题。这样可以帮助他们在将来的学习和工作中更好地应用科学知识和方法，提高解决问题的能力。

（四）探索科学伦理和科学素养并重的培养策略（前两年）

在科学教育课程中，还应该关注科学伦理和科学素养的培养。学生们应该明白科学知识和技术的应用对社会和环境可能带来的影响，学会尊重科学、理解科学，并且正确地应用科学知识。

（五）建立与现实生活联通的机制（前两年）

科学教育课程还应该增强与现实生活的联通。学生们应该学会将科学知识和方法应用到日常生活中，去观察、思考、解决问题，使科学教育与学生的生活紧密联通在一起，让他们更加深入地理解和体会科学的魅力。

（六）建立跨学科合作的政策和机制（三年）

科学教育课程应该注重跨学科整合，将科学与数学、语言、艺术等学科相结合，形成更加丰富多彩的学习体验。通过跨学科整合，可以帮助学生更好地理解科学知识与其他学科之间的通联，促进综合素养的提升。

（七）提升整体教师的科学教育水平（三年）

教师是科学教育课程中不可或缺的重要因素，因此需要加强教师的科学教育相关知识和教学能力的培训。培养一支富有科学素养、教学经验丰富的教师队伍，能够更好地传授科学知识，引导学生探索科学世界。

（八）强化科学教育资源建设（三年）

学校将充分利用科学实验室、图书馆、网络等教学资源，提供优质的科学教育资源和环境，为学生提供良好的条件。加强与科研院所、企业等单位的合作，开展科学实践活动，让学生更加深入地体验和实践科学知识。

（九）建立家校合作的机制（第一年）

学校和家庭应该加强交流与合作，共同关注学生的科学教育。家长可以鼓励孩子参与科学实验、阅读科普读物，学校可以定期组织家长会和科学教育讲座，促进双方对学生科学教育的共同关注和支持。

（十）不断引入新科技手段（三年）

利用现代科技手段，如虚拟实验平台、科学教学应用软件等，可以更好地辅助学生理解和掌握科学知识，激发学生的学习兴趣。也可以帮助教师更好地展现科学实验过程，提高教学效果。

表1 一年实施方案

阶段	时间	任务	负责人	材料数
准备	3月	1. 成立校领导小组学习文件	李万峰	
		2. 参与相关会议，落实精神	林燕	
		3. 制定课程框架并论证，三年计划	李万峰	
		4. 制定一年实施方案	李志刚	
		5. 对接资源单（北京科学中心）	刘海生	
		6. 组织院士进校园活动	李万峰	
启动	4月	1. 学生到北京科学中心参观实践	刘海生	
		2. 成立科学教育学科组	林燕	
		3. 课程框架及特色课程论证	李万峰	
		4. 科技节、实验校启动仪式	历虎	
		5. 跨学科市级活动（市教研中心、区研修中心）	林燕	

续表

阶段	时间	任务	负责人	材料数
实施	5 月	1. 运河星辰活动 2. 方法论、小发明 3. 运河人文科技特色课程	李志刚 科学类课程 教研组长	
	6 月	1. 运河星辰活动 2. 方法论、小发明 3. 运河人文科技特色课程	李志刚 科学类课程 教研组长	
	7、8 月	1. 暑期：阅读课程、线上课程 2. 种植大棚建设 3. 北京科学中心志愿者	林燕 历虎	
	9 月	1. 运河星辰活动 2. 方法论、小发明 3. 运河人文科技特色课程 4. 院士进校园	李志刚 科学类课程 教研组长	
	10 月	1. 运河星辰活动 2. 方法论、小发明 3. 运河人文科技特色课程 4. 学生到北京科技馆参观实践	李志刚 刘海生	
	11 月	1. 运河星辰活动 2. 方法论、小发明 3. 运河人文科技特色课程	李志刚	
总结	12 月	学校总结、教育部验收	李志刚 林燕	

推进全学科阅读，助力生命精彩绽放

——次渠中学全学科阅读实践探索

李万峰　高东艳

全学科阅读是一种旨在提升学生核心素养的阅读，它以各学科不同学段的基本知识为原点，拓展阅读内容，使学生既能深入理解学科内容和本质，提升思维品质，又能形成终生受用的阅读习惯和阅读素养，为学生的成长奠定坚实的基础。

关于全学科阅读，朱永新教授有过这样的论述："中小学生的精神成长中，特别需要搭配全面的、成体系的阅读，特别需要学科内在知识与精神的相互融合与共同滋养。"可见，全学科阅读对于学生的生命成长起着不可小觑的作用。

基于对全学科阅读意义的认识，我校在构建"生命绽放"校本课程体系中，专门设置了全学科阅读课程，在课程框架体系指引下，进行了全学科阅读实践的积极探索。学校开展全学科阅读的目的，就是通过创设全校的整体阅读环境、开展学科阅读实践活动，全面提升学生的学科和跨学科的核心素养，促进学生生命活力的绽放，培养全面发展的"蕖英少年"。

一、创造条件，营造阅读氛围

学校努力建设全学科阅读和实践所需的硬件环境，积极构建全学科阅读的文化场域。为了营造浓厚的全学科阅读氛围，创设良好的阅读条件，学校将图书馆搬到走廊，建立开放书架，各类图书在教学楼走廊和楼梯口合理布置，学生可以利用"插书板"随时取走"心仪"的书籍进行阅读。在进行阅读实践活动过程中遇到问题，也可以很方便地在这里查找书籍材料。

学校还专门建设了"学科阅读教室"。首先，将闲置的房间进行改造，增设学科阅读功能，新增了语文、数学、英语、道德与法治、劳动技术等学科阅读教室；其次，将物理、化学、生物的实验室进行改进，一屋两用，变成本学科的阅读教室；第三，将音乐、体育、美术的专业教室进行延展建设，配备相应图书，成为学科阅读教室。每个学科的阅读教室都进行了精心的布置，墙壁上有学科阅读推荐的主要书目、阅读名言等。书架上专门配备了本学科的书籍、报纸、杂志。理科类阅读教室还准备了实践工具和设备。这些阅读资源还可以根据学生阅读实践活动的需要进行更新补充。学生们可以利用中午和其他闲散时间在阅读教室自主阅读。每周三下午课后服务时间，学校专门开设了项目化阅读实践课，学科项目化阅读小组的同学在这里进行活动，有专门的学科教师进行指导。

除了硬件设施的保障，学校还致力于通过丰富有趣的活动激发学生全学科阅读兴趣。如融合多学科参与的"且将经典共传承，诗书趁年华"诵读活动，"卧室变书房"线上读书分享活动，"和好书交朋友"演讲比赛等，均取得了非常好的效果。今年9月，我校又举行了以"书香润泽蕖苑，阅读点亮人生"为主题的首届阅读节启动仪式。此次活动是北京市青少年阅读节的系列活动之一，多位市区领导和北京市阅读教学名师参加了此次活动并发表讲话。著名阅读推广人、阅读学专家聂震宁老师做了"阅读力决定学习力"的讲座。之后同学们又参加了全学科阅读推介的互动交流活动。由学校"蕖英书香少年"担任的阅读推介大使，利用展板、创意作品及表演等形式向同学推荐各学科书籍。这次活动受到了广泛关注，北京电视台、人民日报等九家媒体报道了此次活动，对于营造整体阅读氛围，推进学校全学科阅读活动的深入开展起到了重要的作用。

二、确定主题，构建课程体系

全学科阅读理念的提出表明，阅读已经成为各科学习的一种方式，面对每个学科海量的阅读资源，学生不能盲目无序、随心所欲地阅读。为了有计划有系统地指导学生的学科阅读，让学科阅读与学科学习实践有效融合，我校在"生命绽放"校本课程体系中专门设置了全学科阅读课程，并根据课程的总体目标制定了全学科阅读校本课程纲要。我校全学科阅读课程体系划分为三大板块，涉及 12 个学科的阅读主题。学科阅读主题由教研组长带领教师结合课标要求以及学科特点来确定。每一学科再根据学生知识水平制定每学期的阅读主题。阅读主题围绕学科阅读大主题，选择一个小的切口，以本学科阅读内容为主，适当融入其他学科内容，借助学科阅读，完成阅读学习项目，推出成果。我校课程处设立全学科阅读推进小组，在课程建设的基础上，指导和协调全校阅读项目实践活动的开展。

三、推荐书目，进行阅读指导

为了更有效地进行学科阅读指导，将学科阅读成果与实践紧密结合。我校在教育部发布的初中阶段阅读书目基础上，结合各学科阅读主题推出了本校的全学科特色书单。书单上的每本书都是经过学科教师结合阅读课程纲要中的学科阅读主题要求，精心挑选而定。比如，数学学科就结合"数字的游戏"这一主题推荐了《大哉数学之为用：华罗庚科普著作选集》《数学家的眼光》《什么是数学》《你好，数学》等书籍；物理学科则根据年级知识水平的不同分别推荐了《我的第一本物理启蒙书》《原来物理可以这样学》两本书籍；生物学科则在推荐了《探索与发现：奇妙的微生物家族》《地球上最伟大的表演：进化的证据》两本书的基础上，还推荐了与语文学科融合的《寂静的春天》一书。

学校征集学科教师意见，为每个学科配备了适合学生阅读的报纸和杂志。在阅读过程中，教师还可以根据需要，动态补充拓展相关书籍、文章等；学生也可以在完成项目式阅读实践过程中自己搜集阅读材料，丰富阅读资源。有些项目需要跨学科阅读资源的支持，我们就提供电子阅读支持，并配备相应教师加以指导。

在提供或推荐阅读资源的基础上，学校还将阅读融入到不同学科的课程中去，促进了学科教学和阅读教育的协同发展。每个学科每月拿出一个课时进行专门的学科阅读指导。阅读指导课一般包括阅读方法指导、阅读交流、阅读成果展示三个环节。教师首先指导学生用选读法、精读法、摘读法等方法阅读本学科推荐的必读文章或书目；然后，让学生汇报阅读情况或交流阅读感受；最后，通过"阅读学习单"反馈阅读情况、展示阅读成果。通过阅读指导课，学生掌握了一定的阅读方法，进一步提高课外阅读的兴趣，养成了良好的学科阅读习惯。

例如，初二物理李竹洁老师做了区级的物理全学科阅读研究课"电学中的图像问题"，她的讲座"理科阅读中的图像阅读教学"也在全区交流中得到好评。

四、读以致用，项目研究落实

为了更好地打破学科阅读壁垒，实现学科阅读融通整合，让全学科阅读与实践紧密结合，促进学科阅读成效的外显，我校将全学科阅读推进的重心后移，以终为始，用项目倒逼学生的全学科、跨学科阅读。读以致用，再以用促读，循环往复，在完成实践项目的过程中提高阅读的效果和收益。学生在教师指导下根据目标选取阅读资源，边读边做，边做边读，通过全学科阅读推动高质量学习，提升学生综合素养。

这一阅读实践过程需要学科教师根据本学期的阅读主题，结合学情特点，设计适合的全学科阅读项目任务，并制订相应的计划，撰写项目阅读实践方案。方案主要包括以下五项内容：项目阅读主题、核心驱动任务、阶段子任务、阅读书目及拓展文章材料、成果输出形式。每位同学选择一个学科的阅读项目任务参与。

本学期，我校学科教师根据教材内容，或者地域特点设计了跨学科融合的全学科阅读实践项目，如数学学科的"我是小小粉刷匠"，语文学科的"飞向太空的诗集"和"'人间草木，岁月温情'台历制作"，英语学科的"燃烧你的卡路里"，历史、地理学科融合的"探秘千年运河"，美术与音乐学科融合的"创意中国龙"等。这些项目分别围绕一个主题，以一个学科的阅读为核心，拓展相关学科的阅读资源，分工合作形成独具特色的项目式阅读实践。学生在教师指导下，依据方案，利用每周三下午的课后服务时间进行项目化阅读实践活动。活动最后要创生项目阅读作品。这一作品可包括文字作品、绘画、表演、电子产品等各种类型。作品是学生阅读实践成果的最好检验，也是学生阅读活动的目标和动力。学校会搭建平台，通过各种形式或者活动给予学生展示的机会。学生通过项目式阅读实践创作的作品可以通过"阅读市集"交流，也可以通过网络上传，公众号发布展示。

例如，2022年我校初一年级历史教师杨心睿、地理教师宋万清、道德与法治教师梅培丽联手所做的"探秘千年运河"全学科阅读实践活动，就是将学科阅读与实践有机结合起来。学生成立"探秘千年运河项目阅读小组",在运用课堂所学的基础上,通过阅读与河流有关的书籍——《这里是长江黄河》《地图上的地理故事(长江、黄河篇)》等,探究河流的开发与保护。在此基础上,教师为学生提供关于京杭大运河的阅读书目——《运河史话》《京杭大运河上的非物质文化遗产》,带领学生了解大运河的"前世今生"。通过阅读,结合三个学科所学,学生运用地理的视角去分析历史问题,再以"道法"的视角面向未来,寻求解决问题之道,从而逐步形成综合思维。在学科阅读和小组探究基础上,学生用多种方式完成河流探究相关作品,绘制出来的地图、视频、实物模型促使学生对河流的理解更全面丰富、更有深度。最终,项目小组通过组织学生走进大运河森林公园,开展"探秘千年运河韵,蕖英少年春季行"专题研学活动,将阅读成果内化于心。

五、持续推进,助力生命绽放

全学科阅读是一项需要持续推进的活动。我校将以每年的阅读节活动为核心,继续做好落实,让全学科阅读活动成为学校的特色亮点,成为师生发展的重要依托。今后我们还将具体做好以下工作:

(一)全学科阅读项目化实践

继续通过"生命绽放"课程体系下各学科阅读项目实践,促进全学科阅读的推进。继续进行全学科阅读项目学习研究,拓宽学生的学科阅读途径,提供相关阅读资源,注重阅读对解决实际问题的重要作用,在实践中运用并检验阅读效果。

(二)校园"全学科阅读市集"活动

举办全校性"全学科阅读市集"活动,在专门的场地,通过现场阅读与现场表达展示活动,呈现全校学科阅读成果。对学科阅读优秀的学生予以表彰,用以激发各学科阅读兴趣,促进学生的学科素养提升。

(三)学科主题阅读课程设计

结合学科阅读,设计主题阅读课程。将学科群文阅读与整本书阅读结合,开展跨媒介阅读,进行课程化设计。运用背景链接策略、词汇学习策略、监控体察策略,从阅读前中后期贯通考虑,并结合学科课标要求,每学期设计一定学科的主题阅读课程。

（四）作家（学科阅读书目的作者）进校园主题活动

为激发学生的兴趣，开拓学生的全学科阅读视野，邀请作家或学科阅读书目的作者进校园，与学生互动，为学生进行学科阅读指导讲座。

（五）创设名家读书班

榜样的力量是无穷的，名家的人格魅力、学识素养，都是激发学生上进的不竭动力。我们征得阅读大家聂震宁先生的同意，将首先设立"聂震宁读书班"，从初一开始，连续三年，通过名家引领，培养创新拔尖人才。

全学科阅读对于促进学生的精神成长，具有非常重要的价值，我们的探索与努力已经取得了初步的成效，今后我们还会积极创新初中学校全学科阅读教育策略，不断地完善学校阅读课程体系，充分发挥其育人价值，促进学生的全面发展。努力在全学科阅读背景下，在更加丰富的、真实的场景中提升学生能力和品质，践行全人教育，促进学生的生命绽放。

培养具有科学家潜质的青少年群体

——在次渠中学首届科技节暨教育部首批科学教育实验校启动仪式上的致辞

李万峰

尊敬的各位领导，各位嘉宾，老师们，同学们！各位家长代表和媒体的朋友们：

大家下午好！在这春暖花开，草长莺飞的季节，首先请允许我代表次渠中学对大家的莅临，表示热烈的欢迎和衷心地感谢！

教育培养人才，科学塑造未来。习近平总书记 2023 年 2 月 21 日在中共中央政治局第三次集体学习时的讲话指出：

"应对国际科技竞争、实现高水平自立自强，推动构建新发展格局、实现高质量发展，迫切需要我们加强基础研究，从源头和底层解决关键技术问题。""要坚持走基础研究人才自主培养之路，深入实施'中学生英才计划'、'强基计划'、'基础学科拔尖学生培养计划'，优化基础学科教育体系，发挥高校特别是'双一流'高校基础研究人才培养主力军作用，加强国家急需高层次人才培养，源源不断地造就规模宏大的基础研究后备力量。""要在教育'双减'中做好科学教育加法，激发青少年好奇心、想象力、探求欲，培育具备科学家潜质、愿意献身科学研究事业的青少年群体。"

次渠中学作为一所普通农村初级中学，能有幸获评教育部首批科学教育实验校，在深受鼓舞的同时，我们也倍感责任重大、压力巨大；因为我们自知底子薄、基础差，软硬件和同为实验校的兄弟学校比差距巨大。之所以想申报，是基于学校的发展规划：我们想在教学成绩良好的基础上，再寻找一个新的增长点，也可以说是想打造出学校的一个特色来。综合分析，也就这方面还有点基础。学校今天大张旗鼓地启动此项目，既是在倒逼自己，奋发努力！也是按照教育部的要求，公布实施方案，加大宣传力度，这个宣传不是宣传成绩，而是让大家知道我们在做这件事，是请求支持和帮助！所以我特别感谢今天到场的各位来宾！有来自大学和科研院所的领导教授，有科技场馆的领导代表，有区镇两级教育主管领导，还有来自东城区优秀校五十中的张校长，以及我们的生源校和未来输出校的代表，所以，今天我们看到小教科也特意派领导来参加我们的活动。这让我们备受鼓舞和振奋！

"苔花如米小，也学牡丹开。"尽管我们能力水平有限，但是我们报效祖国、吃苦耐劳的决心是无限的，也想懂国家之所需，担民族之重任。基于此，我们申报了课题"农村初级中学创新人才培养路径的研究"，制定了次渠中学科学教育课程体系框架和实施方案，希望通过今天的专家论证，再通过三年的实践完善，成为我校"生命绽放"课程体系中最重要的一部分，以实现培养"蕖英少年"——暨德智体美劳全面发展的社会主义建设者和接班人的目标，为党育人，为国育才。

各位嘉宾，各位老师，同学们！

习近平总书记 2016 年在庆祝中国共产党成立 95 周年大会上的讲话指出："历史总是要前进的，历史从不等待一切犹豫者、观望者、懈怠者、软弱者。只有与历史同步伐、与时代共命运的人，才能赢得光明的未来。"

让我们牢记嘱托，携手并进，不负人生！再次感谢大家到来！祝春日起身，未来美好！

下篇

次渠中学运河人文科学项目式学习案例集

运河运输：智能循迹小车

项目名称	运河运输：智能循迹小车
核心驱动问题	如何实现小车循迹功能
项目时长	21 课时
开展年级	初一年级
涉及学科	信息科技、劳动技术
项目最终成果	可根据轨迹（黑色）自动寻找路线、识别障碍物的智能小车
案例作者	武文博、李志刚

一、项目介绍

交通运输自古至今都是社会发展的基础，以京杭运河为例，京杭大运河作为世界上开凿最早、规模最大、里程最长的人工运河，不仅在历史上承担了连接我国南北的重要水上航运通道的角色，而且在现代社会中，它依然发挥着重要的运输功能。特别是在江苏段，京杭大运河一直承担着重要的货物运输功能，其年货运量超 5 亿吨，是京沪高速公路年货运量的 8 倍，这表明京杭大运河在现代物流领域，尤其是在大宗物流运输中占据着举足轻重的地位。我们从运河文化之中可以学习到很多运河人文精神，包括：奋斗进取、创新协同、融合共生、使命担当，我们从奋斗进取，创新协同的运河人文内涵出发，创建智能循迹小车项目式学习案例。智能循迹小车是基于 Arduino 控制器、小车模具及其他电子元件，搭建而成的可自动循迹、识别障碍物的智能小车。

二、学情分析

我们在2023年初对我校初一年级学生进行了问卷调查，结果显示：大多数学生（71.50%）期待并希望学校开展人工智能类的学习小组。在这些学生中，有超过一半的学生在生活中也频繁地接触到人工智能技术和使用人工智能产品（如有些同学家中布置了智能家居系统，有些同学父母从事人工智能相关工作，还有些同学在外出游玩时十分关注社会中的人工智能公共设施）。随后，我们又细化分类，对这71.50%的学生进行了细致的信息科技基础知识以及人工智能的相关测试。测试并没有如我们预期的理想，这说明了同学们虽然对新鲜事物的兴趣浓烈，但基础却过于薄弱。为此，我们可以侧重信息科技基础知识，结合学生自身兴趣来培养。

三、项目目标

表1　项目目标量化表

涉及学科	学科核心素养	学业发展目标	项目目标
信息科技	信息意识、计算思维、数字化学习与创新、信息社会责任	①树立正确价值观，形成信息意识。②初步具备解决问题的能力，发展计算思维。③提高数字化合作与探究的能力，发扬创新精神。④遵守信息社会法律法规，践行信息社会责任。	1. 搭建循迹小车。能运用各类工具，解决各种搭建过程中遇到的问题，培养学生解决问题能力。2. 认识并学习各类传感器与驱动马达，了解各类传感器原理，知晓它们的功能，能合理将这些传感器运用到项目的智能小车之中。
劳动技术	劳动观念、劳动能力、劳动习惯和品质、劳动精神	①形成基本的劳动意识，树立正确的劳动观念。②发展初步的筹划思维，形成必备的劳动能力。③养成良好的劳动习惯，塑造基本的劳动品质。④培育积极的劳动精神，弘扬劳模精神和工匠精神。	3. 编写智能小车循迹程序。需要学生巩固提高信息科技知识，使用计算机，并且培养学生的逻辑思维，合理运用各类程序算法的开放性思维方式，不拘泥于单一的方法，鼓励学生在实现一段程序后可以另辟蹊径，编写更加高效的程序，调用更加高效的算法甚至自主设计出新的算法。

四、分解驱动问题

表 2　驱动问题分解表

核心驱动问题	项目成果		
如何实现小车循迹功能	小车可以在黑色标识线上不受人为操作地自动循迹，按线路指示方式做近似匀速运动		
分解驱动问题	项目活动	评价载体	评价方式
智能小车的搭建	组织本项目组学生搭建小车，引导学生设计车身结构，指导学生连接各传感器与控制器的接口。	搭建的循迹小车主体	量化评价
各类传感器与马达的原理与作用	利用谈话法的方式，为学生细致讲解各类传感器与马达的原理与作用。	学习成果综述	量化评价
Mixly 编程软件的使用	通过教师演示加上学生操作的方式，学会软件的使用并掌握基本的编程思路。	Mixly 软件	组内互评
循迹程序的实现	学生自主思考、自主设计，教师适度引导。	小车循迹实际效果	反馈评价

五、项目式学习实施过程与评价方案

（一）入项活动（持续时间：1 课时）

体验本校人工智能教室，并布置本项目。

【学生活动】

学生在教师的引导之下，按事先安排好的流程，依次参观各类人工智能设备，学生可根据爱好体验1—2个项目，在体验完成之后，学生各自陈述自己观看完这些设备的感受，并在教师的引导下，产生浓厚的学习兴趣。在课堂最后，确定智能循迹小车为本项目的研究课题。

【设计意图】

实际的体验易于激发学生学习兴趣，鼓励学生积极参与。

（二）分解驱动问题 1（持续时间：3 课时）

智能小车的搭建

【学生活动】

在活动之初，学生团队明确共同愿景、制订计划，共同探讨并安排职务：总工程师、结构工程师、程序工程师。安排完成后，学生对自己的能力作出正确的评估，选择自愿承担的责任，以及必须要承担但非自愿选择的责任，制作分工表，明确任务不同所承担的责任不同，懂得面对责任要及时改变认知评价，做到不懈怠、不抱怨，从而提高价值判断和行为选择能力。

表3 角色组织表

角色	主要职责	特长	人员数量
总工程师	预设问题的解决办法，统筹安排各小组任务。	管理、组织、协调	1
结构工程师	负责车辆结构设计，传感器的位置规划以及线路的连接。	空间思维能力强	2
程序工程师	解决各种程序中的 bug。	逻辑思维能力强	2

【阶段成果与评价载体】

图1 循迹小车正面图　　图2 循迹小车侧视图　　图3 循迹小车俯视图

【评价量规】

表4 评价量化表

评价对象	评价指标	评价标准	评分	修改建议
智能循迹小车	小车结构是否合理	是（9—10分） 基本是（6—8分） 不合理（2—5分）		
控制器	传感器连接是否正确	是（9—10分） 基本是（6—8分） 不正确（2—5分）		

【设计意图】

通过活动，学生知道承担责任需要不断提升自身的能力，理解在承担责任的过程中要无言代价与回报，懂得承担的过程也是自身不断获得成长的过程，力求以真实的活动给学生带来更加深刻的情感体验。

（三）分解驱动问题2（持续时间：3课时）

各类传感器与马达的原理与作用

【学生活动】

在此处学生更多地是在老师谈话法的教学方式之下，建构知识体系，并且理解各个知识点，本小节中，学生一定要认真听、认真思考，夯实基础，接下来才能更好地进行下面的任务。主要学习的内容有：

①灰度传感器；

②超声波传感器；

③驱动马达。

【阶段成果与评价载体】

各类传感器与马达的原理与作用学习成果综述

【评价量规】

表5　评价量化表

评价对象	评价指标	评价标准	评分	修改建议
传感器、马达	是否能根据传感器接收到的数据，实现对马达的控制（调速）	是（9—10分） 基本是（6—8分） 不正确（2—5分）		

【设计意图】

与初中新课程标准要求相符合，同时也能弥补学生课程学习中的缺陷和不足，充分凸显学生的主体地位。

（四）分解驱动问题3（持续时间：6课时）

Mixly 编程软件的使用

【学生活动】

学生要掌握程序设计的基本结构：顺序结构、选择分支结构、循环结构，在熟悉 Mixly 编程软件之后，学生要认真反复训练基本的软件语法，并适当地思考循迹程序如何实现。此外，有一些重要的算法和训练的小程序也是学生在本阶段应着手完成的。

【阶段成果与评价载体】

图 4 总工程师带领团队设计循迹程序

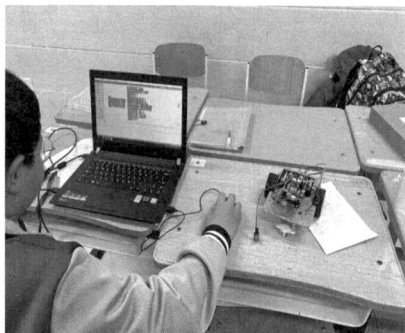

图 5 工程师在调试程序

学生熟练操作软件

【评价量规】

学生组内互评，互相激励

【设计意图】

学生通过实践操作计算机，使用编程软件，体会到人工智能编程的乐趣，为下一步实现项目任务打下基础。

（五）分解驱动问题4（持续时间：6课时）

循迹程序的实现

【学生活动】

1.编代码模块，让小车能循迹：这步是要编程序控制小车循迹。在这步探究过程中，学生一起商量思考，编写完整的程序，让小车顺利地循迹跑起来。

2.调试，尝试改变小车速度和控制比例：这步要调整，在原来的基础上改变车的速度与控制比例，让小车不仅能循迹，还可以快速地跑。在这步探究过程中，可能遇到改变完速度后，小车会在跑的过程中一直摇晃，甚至脱离了黑线，教师引导学生不放弃，一次次地尝试，教授学生调控制比例。

【阶段成果与评价载体】

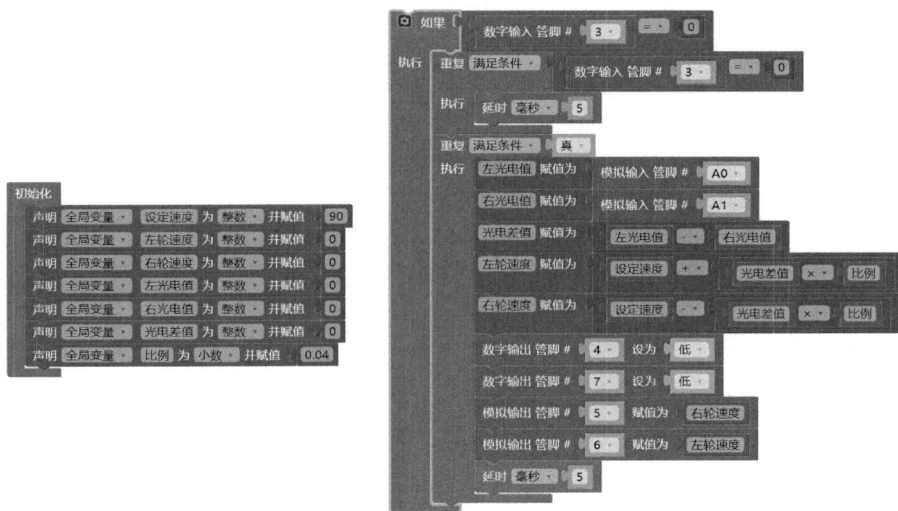

图6　比例循迹的核心程序

【评价量规】

根据学生实际做到的程度进行点评

【设计意图】

培养学生独立完成项目的能力，培养工匠精神。

（六）成果展示（持续时间：1课时）

ppt报告，实际展示车辆巡线。

【学生活动】

担任总工程师的学生讲解、展示，其他学生对此进行评价。

【阶段成果与评价载体】

打分表

【评价量规】

略

【设计意图】

用报告的形式，培养学生组织能力，表达能力。

（七）项目反思（持续时间：1课时）

智能循迹项目的后期设想与改进

【学生活动】

在整个学习的过程中，以小组为单位，激发了学生学习的兴趣、提高了动手操作、语言表达、组织协调能力，培养了团队合作的精神，让小车有更多的功能，实现自动避障智能小车。

【阶段成果与评价载体】

实现自动避让功能，学生自评。

【评价量规】

自述

【设计意图】

培养学生自我反思能力

六、总结反思

在项目式学习过程中，教师角色从"演员"转变为"导演"，从旁指导、帮助，更多是让学生自己去探索、实践，给学生提供了更多的发挥空间和展示平台。学生思维品质得以提升，课堂参与热情也很高涨。教师在实践中加深了对项目化学习的认识，形成了教师团队的学习共同体。未来，立足素养导向和学生本位，我们将在项目式学习的道路上继续探索。

可持续农业实践：种植项目的探索与挑战

项目名称	可持续农业实践：种植项目的探索与挑战
核心驱动问题	如何实现农业的可持续发展
项目时长	3个月
开展年级	八年级
涉及学科	劳动技术、生物
项目最终成果	《实现农业可持续发展汇报书》
案例作者	祁鑫、马秀全、郑立玲

一、项目介绍

在历史悠久的运河沿岸，千百年来，勤劳智慧的劳动人民以水为媒，不仅构建了四通八达的交通网络，更孕育了独特的运河人文精神。随着时代的发展，如何在保护这一宝贵文化遗产的同时，促进农业的绿色转型与可持续发展，成为我们面临的重要课题。通过项目实践，让学生深刻理解并传承运河文化中蕴含的奋斗进取精神，鼓励他们在农业领域勇于创新、敢于挑战；同时，强化团队间的协同合作，体现融合共生的理念；最后，引导学生认识到作为未来社会成员的责任与担当，为可持续发展贡献力量。

本项目通过探索与实践可持续农业种植项目，将运河人文精神融入现代农业发展中，同时提升学生的劳动素养，培养其成为未来社会的绿色使者。项目学习中让学生了解和学习可持续农业的各个方面，包括种植技术、资源管理和环境保护等。形成学生基本的劳动意识，树立正确的劳动观念。我们将为学生提供实践机会，让他们亲身参与到可持续农业的生产和实践中，从而更好地理解和掌握可持续农业的理念和实践，使学生能够形成必备的劳动能力。同时，我们还将为学生提供相关的研究机会，让他们深入研究可持续农业的各个方面，例如种植技术的改进、资源的高效利用和环境保护的措施等，塑造学生基本的劳动品质。通过这些实践和研究活动，学生将获得更深入的认识和理解，并将成为可持续农业的积极推动者和实践者，为实现农业可持续发展作出贡献，培育学生积极的劳动精神。

二、学情分析

根据 2023 年 9 月对我校初二年级 130 余名学生进行问卷调查发现：有32.56％的学生没有自己种植栽培过植物，有 25.31％的学生不能分辨常见的蔬菜，有 72.49％的学生不能分辨蔬菜与杂草的幼苗，有 41.45％的学生不知道蔬菜、农作物等生长所需的条件，有 88.38％的学生不知道什么是可持续农业。

通过前期的学习和准备，学生们已经具备了一定的农业知识和实践经验。他们了解基本的农业种植技术，如种植技术、影响植物生长的因素等。

然而，学生们对于可持续农业的实践应用还存在很多未知点。他们不知道什么是可持续农业，也不了解如何将可持续农业的理念与日常农业实践相结合，也不清楚如何解决实践中遇到的困难和挑战。此外，学生们可能对种植项目的整体规划和管理缺乏经验和知识。

在实践中，学生们可能会遇到一些让他们感到困惑的问题。例如，如何选择合适的种植品种以适应不同的环境条件？如何提高作物的产量和质量？如何通过自己的管理实现农业的可持续发展等。

通过项目式学习的方式，学生们可以获得更多的实践经验和知识。他们可以学习如何将可持续农业的理念应用到实践中，如何制订和实施种植项目计划，如何解决实践中遇到的困难和挑战。此外，学生们还可以学习如何更好地与团队成员协作，提高工作效率和成果质量。

三、项目目标

表 1　项目目标量化表

涉及学科	学科核心素养	学业发展目标	项目目标
劳动技术	劳动能力、劳动习惯和品质	体验当地常见的种植等生产劳动。选择1—2种优良种植品种，开展系列化种植劳动实践，体验先进的种植方式和方法。理解种植与生活及经济的关系。 初步掌握根据当地条件和需求、规划设计种植劳动活动并加以实施的基本技能，形成热爱农业生产、关心农业发展，以及注重农业安全、食品安全的意识，形成辛勤、诚实、合法劳动及进行创造性劳动的劳动品质。	1. 通过查阅资料等让学生理解可持续农业的概念和重要性。 2. 通过种植实践活动，让学生掌握种植技术，包括作物选择、种植计划、灌溉和肥料使用等。 3. 通过查阅资料和种植实践活动，让学生了解资源管理和环境保护在农业中的重要性，包括生态系统的保护和恢复、水资源的保护和循环利用、减少化肥和农药的使用等，进而汇总出实现可持续农业的可行措施。
生物	探究实践	探究实践是源于对自然界的好奇心、求知欲和现实需求，解决真实情境中的问题或完成实践项目的能力与品格。	

四、分解驱动问题

表 2　驱动问题分解表

核心驱动问题	项目成果		
如何实现农业的可持续发展？	《实现农业可持续发展汇报书》		
分解驱动问题	项目活动	评价载体	评价方式
什么是农业可持续发展？	学习交流农业可持续发展的相关知识	进行农业可持续发展研究的原因	教师及时反馈
可持续发展种植实践应该怎么开展？	收集网上资料进行分析讨论并进行种植实践	①收集并整理网上农业可持续发展的方法和措施 ②制定实践方案 ③农业可持续发展的种植实践与研究	①教师及时反馈； ②评价表
实现农业的可持续发展的方法是什么？	通种植实践与交流讨论进行成果总结	《实现农业可持续发展汇报书》	评价表

五、项目式学习实施过程与评价方案

（一）入项活动（持续时间：1 节课）

观看农业可持续发展宣传片

【学生活动】

学生观看农业宣传片，引出农业可持续发展这一主题概念及背景知识，帮助学生初步认识农业可持续发展的重要性和意义。

【设计意图】

从学生实际生活中寻找项目主题，更容易激发学生的学习兴趣，提高学生的参与度与积极性。

图 1 授课老师在介绍背景知识

图 2 学生在进行交流讨论

图3 学生积极回答教师的提问

（二）分解驱动问题1（持续时间：3天）

什么是农业可持续发展？

【学生活动】

在活动的起始阶段，学生团队需要集思广益，共同确定活动的目标和计划。为了确保任务的高效完成，他们需要将任务分解为多个子任务，如搜集相关材料、种植实践、记录整理等。随后，学生应基于自身的能力和兴趣进行自我评估，自愿承担一部分工作，同时也应接受一些必要的、但不一定是自己最感兴趣的任务。这一过程中，制作一份分工明细表是非常必要的，它能够明确不同任务对应的责任，使学生了解不同的责任对任务完成的重要性。最重要的是，当面对困难和挑战时，学生应该学会及时调整自己的认知和评价，不放弃也不抱怨。通过这种方式，他们可以提高自己的价值判断和行为选择能力，从而更好地完成团队任务。

【确定任务小组】

表3 项目任务分组表

组名	主要职责	特长	人员数量
总策划组	制定全部研究方案，预设问题的解决办法。统筹安排各小组任务	策划	2
传统技术组	以传统栽培方式进行农业种植	动手能力强	3
科技创新组	运用新技术栽培方式进行种植	善于接受新事物	3
环境友好型农业技术组	研究采用环保的农业技术，减少化肥和农药的使用，保护水资源	善于思考，做事认真	3
后勤保障组	为活动做好后勤保障工作	执行能力、协调能力强	1

【阶段成果与评价载体】

《农业可持续发展研究的原因》

【评价量规】

教师及时评价，总结是否准确，语句是否通顺等。

【设计意图】

通过参与活动，学生意识到承担责任需要不断地提升自己的能力。他们了解到，在承担责任的过程中，可能会面临各种挑战和付出一定的代价，但同时也会获得相应的回报。学生明白，承担责任的过程实际上也是个人不断成长和进步的过程。活动的目的是为了让学生们通过真实的体验，获得更深刻的情感领悟，从而在未来的生活和工作中更好地承担责任。

图 4　授课老师在引导学生确定活动主题

图 5　授课老师在讲授分组分工要求

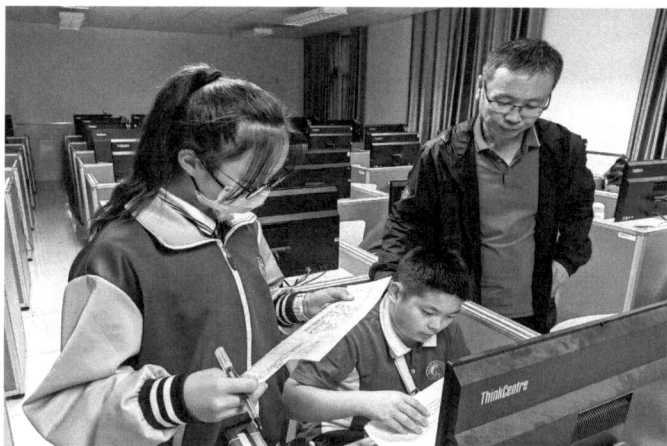

图 6　授课老师指导学生进行小组分工

（三）分解驱动问题 2（持续时间：2.5 个月）

可持续发展种植实践应该怎么开展？

【学生活动】

首先一起查找、收集并整理网上农业可持续发展的方法，明确各组的种植实践方法和内容，并按照分组完成相应的活动。

1. 传统技术组：小组成员在网上查找资料，学习传统种植技术和方法等，按照传统方式进行种植实践：（1）翻地；（2）平整土地；（3）分畦打埂；（4）泅湿田地；（5）播种；（6）浇水育苗；（7）除草；（8）浇水养护；（9）施肥；（10）做好生长记录。

2. 科技创新组：小组成员在网上查找资料，学习无土栽培技术和方法等，按照新栽培方式进行种植实践：（1）移苗；（2）栽培；（3）浇水；（4）养护缓苗；（5）浇营养液；（6）定期养护；（7）做好生长记录。

3. 环境友好型农业技术组：小组成员在网上查找资料，学习农业可持续发展的措施等，根据实际情况确定本组从水和肥两方面采取措施，进行种植实践：（1）翻地；（2）平整土地；（3）分畦打埂；（4）泅湿田地；（5）播种；（6）浇水育苗；（7）除草；（8）浇水养护；（9）施肥；（10）做好生长记录。

【阶段成果与评价载体】

《种植实践方案》

【评价量规】

表 4　种植实践方案评价表

评价项目	评价标准	评价分值	评价结果
种植计划	是否明确种植时间、品种、数量等	15	
土壤准备	是否进行土壤检测，是否根据作物需求进行改良	10	
播种方法	是否采用合适的播种方式，如直播、育苗等	15	
肥料使用	是否根据作物需求选择合适的肥料，是否合理施用	15	
灌溉方法	是否采用合适的灌溉方式，如滴灌、喷灌等	15	
病虫害防治	是否采取有效的病虫害防治措施	10	
收获与储存	是否及时收获，是否采用合适的储存方式	10	
经济效益	种植成本与收益的比较	10	
合计			

【设计意图】

通过参与活动，培养学生环保意识：通过亲身参与种植活动，学生可以更深入地了解植物生长的过程，以及与环境的相互作用。这有助于他们理解自然环境的宝贵，从而培养出更强的环保意识。

培养学生促进可持续发展：通过种植实践，学生可以了解到可持续发展的重要性，如资源的有效利用、减少化肥使用等。他们可能会将这些理念带入日常生活，从而促进社会的可持续发展。

总的来说，让学生进行可持续发展种植实践，可以帮助他们更好地理解自然环境，培养他们的环保意识、责任感、团队协作能力、动手能力等，同时也可以促进可持续发展和社会进步。

图 7　学生在制定实践方案

图 8　学生在平整土地

图9 师生共同施肥

图10 学生在进行种植实践

图11 学生在进行无土栽培

图12 学生在进行水培养护

（四）分解驱动问题3（持续时间：5天）

实现农业可持续发展的方法是什么？

【学生活动】

学生在种植实践的基础上，已经有了各组的活动记录，现在各组在一起综合自己的研究成果，进而整理出适合我校种植活动的"实现农业的可持续发展的方法"。

【阶段成果与评价载体】

《实现农业可持续发展汇报书》

【评价量规】

表5　汇报书评价表

评价指标	指标描述	评价分值	自评	教师评价
主题明确性	报告是否清晰地阐述了农业可持续发展的主题，并围绕该主题展开论述	15		
内容完整性	评价内容是否全面完整，是否涵盖了农业可持续发展的各个方面	10		
数据准确性	所提供的数据信息是否准确来源是否可靠，有无明显的误差或遗漏	15		
方案可行性	所提出的实施方案是否具有可行性，是否有具体的实施步骤和时间表	15		
技术先进性	所采用的技术方法是否有先进性，是否能有效促进农业可持续发展	15		
资源可持续性	是否充分考虑了资源的可持续性，是否有效的资源管理措施和方案	10		
社会经济效益	所提出的方案是否能带来明显的社会和经济效益，是否能满足当地人民的需求和期望	10		
环境友好性	是否考虑了环境保护和生态的平衡所采用的方案是否对环境友好，是否有相应的环保措施和目标	10		
合计				
综合评定	说明：自评×30%+ 教师评价×70%= 综合评定			

【设计意图】

通过参与种植实践让学生总结实现农业可持续发展的方法，主要是希望学生能够通过亲身参与和观察，更深入地理解可持续发展的理念，培养出具有可持续发展的理念和实践能力的学生，为未来的社会和经济发展做一些准备工作。

图13　学生在整理活动记录

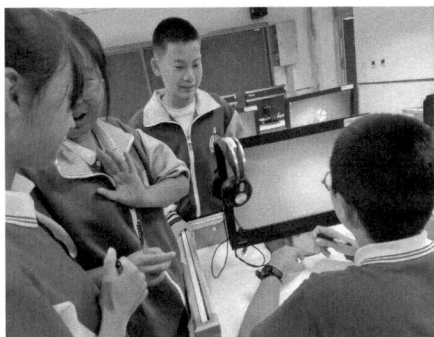

图 14　学生在讨论总结种植方法

图 15　学生在交流讨论

（五）成果展示（持续时间：5 天）

将总结好的项目汇报书放到楼道中的大屏幕上展示。

【学生活动】

组内、组外学生观看成果，进行反馈。

【阶段成果与评价载体】

表 6　《实现农业可持续发展汇报书》学生反馈表

学生姓名	反馈时间	反馈内容	
		优点	建议

小组学生对反馈表进行汇总分析，并向指导教师汇报。

【评价量规】

略

【设计意图】

通过展示《实现农业可持续发展汇报书》并要求学生进行评价与反馈，可以促进学生对这一主题的理解和参与，提高他们的批判性思维，提高他们对农业可持续发展的关注度和参与感，培养他们的社会责任感，有助于完善和改进农业可持续发展的方法和策略，提高汇报的质量和效果。

图 16　校园公告屏成果展示

图 17　学生在观看成果展示

（六）项目反思（持续时间：2 天）

项目进行总结

【学生活动】

学生根据学生反馈汇总表进行集体讨论与反思，每个小组都要进行总结反思。

【阶段成果与评价载体】

《小组反思报告》

【评价量规】

表 7 反思质量评价表

团队名称： 日期：

评价指标	指标描述	评价标准 能（20分） 基本能（15分） 不能（10分） 小组自评	评分	
			小组 自评	教师 评价
目标设定与达成	能明确地设定目标，并制定实现目标的计划，能够根据进度与遇到的问题，及时调整计划，最后实现目标。	20		
团队沟通与协作	能有效地与他人沟通和交流，促进团队的发展和进步，与团队成员协作良好，氛围愉快。	20		
学习与发展	能从过去的经验和错误中学习，不断提高技能和能力，积极寻求新的知识和技能，以适应不断变化的环境，持续反思和改进工作方法和流程，以提高效率和质量。	20		
问题与挑战	能正确对待活动中遇到的问题和挑战，分析产生的原因和影响，并积极做出应对，解决问题。	20		
反思结论	能根据反思内容和数据分析，总结小组的优势、不足、机遇和挑战，并提出具体的改进建议和未来计划。	20		
合计				
综合评定		说明：小组自评×30%+ 教师评价×70%= 综合评定		

【设计意图】

通过项目反思，使学生对活动有更深刻的认识，提高学生的思考和总结能力，明确自己在项目活动中的得与失，总结成功的地方，改进自己的不足，为今后的活动总结经验与方法，提升自己的综合能力。

图 18 学生在总结反思

图 19　学生在进行评价

六、总结反思

可持续农业实践：种植项目的探索与挑战是一个具有丰富教育内涵的项目式学习设计。下面分析它的特色、优点、缺点，以及可能的改进方法。

特色：

1.跨学科性：该项目结合了劳动技术、生物等多个领域的知识，充分体现了跨学科学习的特点。

2.实践性：学生可以直接参与种植活动，亲身体验农业实践，增强动手能力。

3.与现实生活紧密相连：可持续农业是当前社会的重要议题，通过这个项目，学生可以了解到与农业相关的现实问题及其解决方案。

优点：

1.激发兴趣：通过亲身参与，学生能够更加深入地理解农业，对农业产生兴趣。

2.培养能力：种植项目需要学生观察、记录、分析数据，这有助于培养学生的观察、分析和解决问题的能力。

3.社会责任感培养：通过接触可持续农业议题，学生可以增强对社会的责任感。

缺点：

1.资源限制：学校缺乏足够的条件来支持种植项目实践。

2.时间限制：农作物生长需要时间，可能与学校的教学进度不符，需要时间上的妥善安排。

3.技术难度：农业实践需要一定的技术知识，学生可能需要额外的指导。

改进方法：

1.寻求合作：学校可以与当地的农场、园艺中心等机构合作，利用他们的资源开展种植项目。

2.合理安排时间：教师可以根据农作物的生长周期，合理规划种植项目的时间表，使其与学校的教学进度相匹配。

3.引入专家指导：可以邀请农业专家、园艺师等为学生提供技术指导，解决技术难题。

最后值得一提的是，在推进该项目时，应时刻注重学生的安全，避免在农业实践活动中出现安全隐患。同时，要教育学生热爱劳动、尊重劳动，真正理解可持续农业的重要性，并培养他们的劳动精神。这个项目不仅可以提高学生的综合素质，也为他们的未来职业发展和主动承担社会责任奠定坚实基础。

探究生命的奥秘

——揭秘家蚕的一生

项目名称	探究生命的奥秘——揭秘家蚕的一生
核心驱动问题	如何帮助蚕更好地长大？
项目时长	2个月
开展年级	初一、初二年级
涉及学科	生物、数学、历史、道德与法治
项目最终成果	展板、家蚕生活史标本、养蚕记录
案例作者	刘亚、乔鹏、姜雪

一、项目介绍

探究生命的奥秘项目，目标在于让学生学会尊重生命、理解生命的意义，加强生命观念。

历年来，因为缺失生命安全意识，主动或者被动失去生命的惨痛事件时有发生。保护个人生命安全，珍爱自身和他人的生命，生命教育的重要性再次被提上教育者的日程。从教育者的角度，如何把生命具象化，在课程中更好地帮助孩子理解生命是教育的难题。

我们将学习主题定为"探究生命的奥秘——揭秘家蚕的一生"，以生物、数学、历史、道德与法治学科为基础，选取在"丝绸之路"上极具意义的"家蚕"为研究对象，围绕生命观念，通过开展活动观察家蚕的生殖发育过程，引导学生突破传统的学习方式，让学生成为"问题解决者"，让学生在体验、探索的过程中感受蚕丰富的生命形态，并激发学生深度学习的内驱力，从而培养学生健康全面的人格。查阅相关资料，对"家蚕的一生"开展探究记录，加强学生理解生物对环境的适应性，培养学生的科学思维、探究实践的核心素养。针对生物的生命活动以及生命现象展开讨论，让学生亲历生命的整个过程，分析其与环境的关系等，全面提升学生的生命观念核心素养。

二、学情分析

通过访谈以及项目开展前进行检测的方式发现，初中学生已具备一定的生物学知识，对于自己的成长过程有了相对感性的了解，知道生物生殖发育的基本过程，大致了解部分生物的生殖发育方式，但是不够准确。学生具备一定的实验素养和动手能力，能够设计并完成一些简单的实验和装置的制作，并能够对自己及同伴的实验过程和制作过程进行评价。

但初中阶段的学生，对于不同类别的生物生殖方式不太了解，不太明确生物在生殖发育过程中有哪些变化。学生的思维能力及创新能力很强，喜欢以团队的形式自主探究，在项目学习过程中，学生能找到自己的位置，能够进行小组合作，共同完成任务，参与合作学习，在活动中突破自我，发展核心素养。

三、项目目标

表 1　项目目标量化表

涉及学科	学科核心素养	学业发展目标	项目目标
生物	探究实践	动物饲养类跨学科实践活动：动物饲养可以综合应用多学科的知识和方法，考虑"结构与功能""物质与能量""因果关系"等跨学科概念，设计恰当的装置，以满足生物生长的需要。	1. 根据家蚕的生活史、生活习性、食性、生活所需的环境条件（温度、湿度）等，利用生活中简单易得的材料设计并制作恰当的装置，饲养家蚕。 2. 观察和记录家蚕的生长发育过程，总结家蚕发育过程各个时期的注意事项。培养学生实事求是、科学严谨的实验精神。 3. 收集我国养蚕的历史资料，研究蚕的经济价值，说出家蚕对于我国经济、历史、文化等方面的价值。
	科学思维	在认识事物、解决实际问题的过程中，运用多种方法，进行独立思考和判断，多角度、辩证地分析问题。	
	生命观念	生命观念是从生物学视角，对生命的物质和结构基础、生命活动的过程和规律、生物界的组成和发展变化、生物与环境关系等方面的总体认识和基本观点。	
数学	数据意识	根据问题的背景和所要研究的问题确定数据收集、整理和分析的方法，感知大数据时代数据分析的重要性，养成重证据、讲道理的科学态度。	
历史	家国情怀	家国情怀是学习和探究历史应具有的人文追求与社会责任，充满人文情怀并关注现实问题，热爱家乡、热爱祖国，要求学生形成对家乡、国家和中华民族的认同，具有国际视野，有理想、有担当。	
道德与法治	健全人格	具备正确的自我认知、积极的思想品质和健康的生活态度。养成积极的心理品质，提高适应社会、应对挫折的能力。	

四、分解驱动问题

表 2　驱动问题分解表

核心驱动问题	项目成果		
如何帮助蚕更好地长大？	养蚕记录、家蚕的生活史标本、展板		
分解驱动问题	项目活动	评价载体	评价方式
蚕是怎样长大的？	①查阅养蚕的相关资料，了解养蚕的注意事项 ②利用生活中的材料，制作家蚕的饲养装置（根据家蚕的发育特点，制作各个时期的饲养装置，方便进行观察和记录） ③设计养蚕记录表格	①书写养蚕注意事项 ②制作家蚕饲养装置 ③设计家蚕养殖记录 ④创作绘本——《家蚕的一生（生长周期）》	学生自评 小组互评 评价表
蚕长大后可以做什么？	①收集蚕茧，取丝纺线 ②破茧成蛾，制作家蚕的生活史标本	①制作简易的纺线装置，展示取丝纺线的过程 ②展示家蚕生活史标本	教师评价 小组互评
蚕的一生都有哪些价值？	查阅相关资料进行汇报总结	汇报成果	教师评价

五、项目式学习实施过程与评价方案

（一）入项活动（持续时间：1 节课）

了解家蚕

【学生活动】

查阅史实资料，了解"家蚕"在丝绸之路上的意义，说出家蚕对于我国经济、历史、文化等方面的价值。

【设计意图】

激发学生对于"家蚕"养殖的兴趣，提高学生的参与度和积极性，开阔视野。

（二）分解驱动问题 1（持续时间：约 40 天）

蚕是怎样长大的？

【学生活动】

在活动之初，明确项目的目的与意义，与同学进行团队合作，制订项目计划，将该问题分解为多个项目活动，明确每个活动的任务，学生根据自己的特长和爱好，正确评估自身能力进行角色分工，在遇到困难和挑战时，通力合作，共同解决。

【确定小组任务】

表3　小组任务分工表

组名	主要职责	特长	人员数量
策划组	制定策划方案，领导项目开展，进行全局规划统筹	具有领导能力，能够进行全局规划	2
查阅资料组	负责在项目开展过程中查阅资料，归纳总结，提供解决问题方案	有较强的检索信息的能力，归纳总结能力较强	2
养蚕组	制作家蚕饲养装置，进行家蚕养殖	热爱小动物，有责任心	4
记录组	设计家蚕养殖表格并记录	认真细致，具有数据统计分析能力	2
标本制作组	制作家蚕生活史标本	动手能力强	2
后勤保障组	为项目开展做好后勤保障工作	执行能力、协调能力强	1

【阶段成果与评价载体】

1. 书写养蚕注意事项

2. 制作家蚕饲养装置

3. 设计家蚕养殖记录

4. 创作绘本——《家蚕的一生（生长周期）》

【评价量规】

表4　家蚕饲养装置制作评价表

评价内容	优秀	良好	合格	评价方式	评分	修改建议
装置设计	能够清晰地画出蚕房设计图，有非常强的科学性、实用性、美观性	能够画出蚕房设计图，但不够清晰，有一定的实用性，但科学性、美观性不强	蚕房设计图瑕疵较多，科学性、实用性、美观性不强	教师评价 学生互评		
装置制作	能够按照设计图在规定时间制作完成，且制作过程顺利精细	能够大体按照设计图在规定时间内完成，制作过程相对顺利	制作过程困难较多，但最后能够完成	教师评价 学生互评		
沟通分享	能积极主动地与伙伴分享	能够在老师的引导下与同学分享	能够与同学分享，但是想法不太成熟	教师评价 学生互评		
作品呈现	装置美观、有创造性，经济实用、充分利用材料	装置较美观、有一定的创造性，能体现一定的经济实用性	装置质量较低，仅能满足家蚕居住需求	教师评价 学生互评		

表5 家蚕饲养记录评价表

评价内容	评价指标	评价方式	评分	修改建议
过程记录	能够运用多种形式观察、分析、总结养蚕过程，记录详细	教师评价 学生互评		
数据记录	数据真实可靠、详细	教师评价 学生互评		
饲养情况	养蚕成活率高，品质好	教师评价 学生互评		
展示分享	可以主动地与同学教师展示分享，形式多样、逻辑清晰	教师评价 学生互评		

【设计意图】

通过本阶段的活动，达成三个目的：一是通过动物饲养过程，掌握常见生物的生命周期，深入理解家蚕的生殖和发育与环境的关系，促进生命观念的形成。二是在观察、记录家蚕成长过程中，学会科学观察的方法，形成严谨求实的科学态度。三是在对比家蚕在不同的生殖和发育历程的过程中，逐步形成进化与适应观。

（三）分解驱动问题2（持续时间：7天）

蚕长大后可以做什么？

【学生活动】

1. 收集蚕茧，取丝纺线

2. 破茧成蛾，制作家蚕的生活史标本

【阶段成果与评价载体】

1. 制作简易的纺线装置，展示取丝纺线的过程

2. 展示家蚕生活史标本

【评价量规】

表6 制作简易纺线装置评价表

评价内容	评价标准	评价方式	评分	修改建议
装置设计	选取合适的装置材料，进行装置图设计，体现科学、实用	教师评价 学生互评		
装置制作	能够按照设计图在规定时间制作完成，且制作过程环保、经济	教师评价 学生互评		
装置效果	装置能够起到提高效率的作用	教师评价 学生互评		
沟通分享	能够与同伴介绍装置，语言流畅、形式新颖	教师评价 学生互评		

表7　制作家蚕的生活史标本评价表

评价内容	评价标准	评价方式	评分	修改建议
基本信息	评价者姓名、评价时间、标本类型等信息准确	教师评价 学生互评		
标本制作过程	制片过程的技术要点（取材、固定、切片、染色）符合标准	教师评价 学生互评		
标本质量	标本的形态特征明显、结构完整、颜色的自然程度高、鲜明度好	教师评价 学生互评		
标本展示	能够按照家蚕生长发育过程进行排序、宣传展示	教师评价 学生互评		

【设计意图】

在本阶段，同学们查阅资料，了解中国古老的桑蚕历史、丝绸之路的相关知识，激发学生们的好奇心和兴趣，学习动手抽丝，并能够利用马达、矿泉水瓶等身边常见物品制作自动缫丝机器，解决手动抽丝效率低下的问题，切实体会科学技术给人类生产生活带来的便利，体会细细的蚕丝下蕴含着的历史底蕴。

通过制作家蚕的生活史标本，将家蚕在一生中的不同生长发育阶段定格、留存，通过宣传让更多的人了解家蚕的完全变态发育方式，感悟家蚕的生命价值。

（四）分解驱动问题3（持续时间：1节课）

蚕的一生都有哪些价值?

【学生活动】

查阅相关资料进行汇报总结

【阶段成果与评价载体】

汇报展示

【评价量规】

表8　"汇报总结"评价量规表

评价内容	评价标准	评价方式	评分	修改建议
汇报内容	内容详细全面有条理，能够准确讲述蚕的价值	教师评价 学生互评		
学生仪态	汇报声音洪亮、吐字清晰、衣着得体、落落大方	教师评价 学生互评		
汇报形式	汇报形式新颖、引人入胜	教师评价 学生互评		

【设计意图】

学生查阅相关的资料，进行归纳总结，提高学生的阅读提取信息的能力。在活动中，每组同学有不同的见解，有同学认为蚕的标本最有价值，因为它可以供人们观察和研究；有的同学说蚕茧最有价值，因为它可以做丝绸，实现经济价值；还有的同学说蚕蛾最有价值，因为它可以繁育后代。无论是哪种见解，学生都需要找到相关资料充分论证，在收集资料整理的过程中，提高学生的综合素养。

（五）成果展示（持续时间：7天）

展板、家蚕生活史标本、养蚕记录

【学生活动】

将养蚕过程中的故事制作成展板；家蚕生活史标本展示。

【阶段成果与评价载体】

学生制作的展板、家蚕生活史标本、养蚕记录表。

【评价量规】

表9 "成果展示"评价量规表

评价内容	评价标准	评价方式	评分	修改意见
展板	内容丰富、有创新，结构合理、重点突出	教师评价 学生评价		
家蚕生活史标本	家蚕生活史完整、美观，保存时间长	教师评价 学生评价		
养蚕记录	记录翔实，具有参考性	教师评价 学生评价		

【设计意图】

学生在设计方案的过程中，充分体现合作交流的重要性，能够利用生活中的简易材料进行养蚕装置的制作，通过与同学交流讨论解决问题，加强小组之间的合作。通过与同学进行交流展示，讲述家蚕的一生、家蚕的价值。理解生命的可贵及价值的多元化，懂得尊重生命，爱护环境及动植物的重要性。

（六）项目反思（持续时间：2节课）

展开想象设计活动："假如蚕能够重来，它会选择怎样的一生？"

【学生活动】

根据要求，以文字、图画、展板等形式，进行活动展示。

【阶段成果与评价载体】

想象作文、漫画手抄报、展板、讲故事等形式。

【评价量规】

表10　"家蚕一生"评价量规表

评价内容	评价指标	评价标准	评分	修改意见
想象作文	能够运用文字表达出家蚕的生活，突出家蚕的奉献精神	优秀（9—10） 良好（7—8） 及格（6—7） 不及格（1—5）		
漫画手抄报	内容丰富，有创造性，漫画连贯有条理，能突出主题	优秀（9—10） 良好（7—8） 及格（6—7） 不及格（1—5）		
展板	设计合理、内容丰富、重点突出，能够详细地描述家蚕的价值	优秀（9—10） 良好（7—8） 及格（6—7） 不及格（1—5）		
讲故事	内容有新意，故事吸引人，讲述清晰	优秀（9—10） 良好（7—8） 及格（6—7） 不及格（1—5）		

【设计意图】

学生用手中的笔赋予了笔下每一只蚕属于它们自己的人生历程，当了解完蚕的一生，你觉得怎样生活得更有意义呢？可以是成为标本，让生命成为永恒；也可以是做成丝绸，为人类贡献增添美丽的色彩；还可以……学生在描述蚕的人生选择过程中，其实就是在书写属于他们自己人生的画卷。希望学生通过活动，能够有明确的人生目标，并能够为之努力。

六、总结反思

本项目以"如何帮助蚕更好地长大？"为核心驱动性问题进行课程设计，将核心驱动问题分解为三个子问题，从"蚕是怎样长大的？"、"蚕长大后可以做什么？"到"蚕的一生都有哪些价值？"层层递进，让学生在活动中逐渐了解生命的意义和价值。

项目一方面让学生动手制作养蚕装置，观察记录蚕的一生，感悟蚕的生命，发现蚕自身宝贵的生命价值；另一方面，让学生查阅资料调查蚕的一身都是宝，认识到生命的意义是多元的，生命的可能性也是多元的，蚕的标本给我们带来科学的启迪，即使是那些并没有做成丝绸的蚕丝也有它们自身生命的意义，每一个个体生命的存在都是独一无二的，都具有不可忽视的价值。

课程最后留给学生一个开放性、选择性问题：如果给蚕一次选择的机会，它会选择怎样的人生？这个问题显然没有标准答案——这里不只是给予蚕选择，也是让学生们思考自己的生活目标和选择，树立正确的人生观和价值观。

弘扬传统文化，汲取古人智慧

——运河船运及商业活动中的杠杆应用

项目名称	弘扬传统文化，汲取古人智慧 ——运河船运及商业活动中的杠杆应用
核心驱动问题	运河船运和商业活动中杠杆是如何应用的？
项目时长	25 天
开展年级	初二年级
涉及学科	物理
项目最终成果	杆秤模型
案例作者	殷向楠、李竹洁、刘淼

一、项目介绍

我国传统文化中对物理知识的应用屡见不鲜，生活中也随处可见，结合我国传统文化与运河船运及商业活动中杆秤等的应用，让学生以"运河船运和商业活动中杠杆是如何应用的"为核心任务，通过查阅资料、互相交流讨论等方式了解杠杆的工作原理，知道在船运、商业活动中杠杆的一般应用，如：船桨、杆秤、戥子、桔槔、投石车或龙骨水车等，并自主设计制作杆秤等模型并进行展示与讲解，在探索中了解人类在适应自然的过程中所使用的劳动工具是在不断发展、不断创新的，从简单机械到复杂机械、从传统到现代、从人手到机械手，都渗透着人类的聪明才智，机械的使用也促进着社会的发展和进步。

北京卷
教育文库

二、学情分析

简单机械是力学中发展较早并且在持续发展的物理知识，与生产和生活有着密切的联系。通过本章的学习，学生将掌握杠杆的五要素、杠杆的分类、杠杆的平衡条件及应用、定滑轮和动滑轮的特点及应用等内容。本章知识是力学知识的重要应用。力的三要素、力的作用效果和二力平衡问题等知识在本章中得到了进一步的应用和拓展。在本章的学习过程中，学生通过实验探究，体验到人类是如何利用机械改变力的大小和方向的，了解人类在适应自然的过程中所使用的劳动工具是在不断发展、不断创新的，从简单机械到复杂机械、从传统到现代、从人手到机械手，都渗透着人类的聪明才智，机械的使用也促进着社会的发展和进步。

三、项目目标

表 1　项目目标量化表

涉及学科	学科核心素养	学业发展目标	项目目标
物理	科学创新意识、动手和社会实践能力	1. 促使学生的科学素养提高，科学创新意识增强，培养校内学生的创新素质和潜质的优秀学生。 2. 学会从文化遗产中汲取营养，在参观、收集等综合实践中加强学生的动手和社会实践能力，增强个体的独立创造能力。 3. 在欣赏、制作过程中得到美的享受，使学生感悟到美源自生活，又高于生活，形成健康向上的生活态度。在制作过程中充分认识劳动创造的伟大，体验劳动创造的辛劳，收获劳动创作的成就。	1. 通过读书、查阅资料，以及教师讲解等，了解杠杆的五要素，知道杠杆平衡条件与分类； 2. 查阅资料，知道我国传统文化中有哪些关于杠杆的应用，运河船运过程中的主要应用有哪些，选取适当模型，分析所需材料及相关注意事项等； 3. 制作杆秤模型，并向同学展示解说使用方法与原理等。

四、分解驱动问题

表 2　驱动问题分解表

核心驱动问题	项目成果		
运河船运和商业活动中杠杆是如何应用的?	杆秤模型		
分解驱动问题	项目活动	评价载体	评价方式
什么是杠杆? 它有什么特点?	读书,查阅资料,教师讲解	思维导图或资料总结	教师点评
我国传统文化中有哪些关于杠杆的应用? 运河船运及商业活动中主要应用了哪些?	查阅资料,交流讨论	图片、资料	评价表
简单应用模型制作:杆秤	制作、交流	杆秤模型	交流互评
传统文化中杠杆的其他应用	分析、交流、制作	资料、模型等	评价表
杠杆模型的演示解说	分享、展示	杆秤模型	学生点评、评价表

五、项目式学习实施过程与评价方案

（一）分解驱动问题 1（持续时间：2 节课）

什么是杠杆? 它有什么特点?

【学生活动】

1.学生通过搜索、查阅相关资料,对杠杆的基本概念及其应用产生初步了解;

2.教师向学生介绍杠杆的相关知识,让学生了解什么是杠杆、杠杆的特点是什么等,对杠杆的概念形成初步理解。

图1　学生在课上积极讨论　　　　图2　课下在网上查阅相关资料

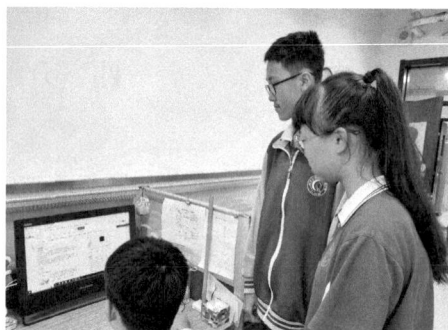

【阶段成果与评价载体】

杠杆的五要素、分类、平衡条件等基础知识，生活中对杠杆的一些应用。

【评价量规】

略

【设计意图】

学生通过网络搜索与书籍查阅等过程，在收获知识的过程中，体会智慧与科技的发展对我们生活起到的重要作用，在不断地搜索、分析、讨论中了解先辈们流传下来的璀璨文化及传承，从文化遗产中汲取营养。

（二）分解驱动问题2（持续时间：2天）

我国传统文化中有哪些关于杠杆的应用？运河船运及商业活动中主要应用了哪些？

【学生活动】

学生查阅资料、交流分享，了解我国传统文化中对于杠杆的相关应用，了解其大致组成及工作原理。

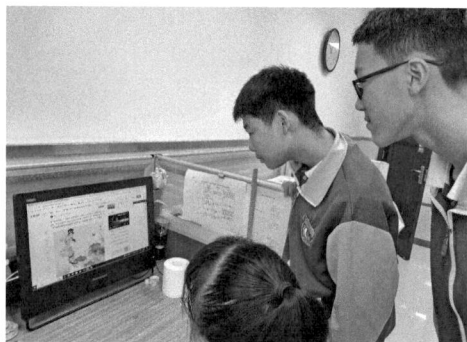

图3　上网查阅杠杆在传统文化中的应用

【阶段成果与评价载体】

传统文化中对杠杆的应用相关的工具资料

【评价量规】

略

【设计意图】

学生通过搜索与交流，提升利用信息技术获取信息的能力，体会合作的意义，了解先辈们流传下来的璀璨文化及传承，产生民族自豪感。

（三）分解驱动问题3（持续时间：7天）

简单应用模型制作：杆秤

【学生活动】

分析制作杆秤所需器材与工具，收集生活中能找到的工具，制作杆秤模型，交流展示，分析改进。

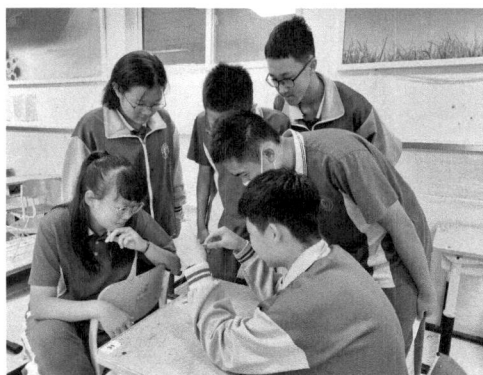

图4　小组合作制作杠杆

图5　动手制作杆秤

图6　分析制作杆秤时如何受力平衡

【阶段成果与评价载体】

杠杆模型

【评价量规】

略

【设计意图】

通过自己选择材料、组装制作杆秤，交流分析等环节，让学生体会每一件生活中的小器材都有它的价值，都有自己的工作原理，不同的组合能够达到不同的效果，并在制作工程中体会创造的快乐。

（四）分解驱动问题4（持续时间：7天）

传统文化中杠杆的其他应用

【学生活动】

根据自己喜好选择并分析桔槔、投石车或龙骨水车等的工作原理与基本构造，简单分析其能量转化、受力等情况，分析制作过程中所需注意的问题等。

图 7　分组制作龙骨水车

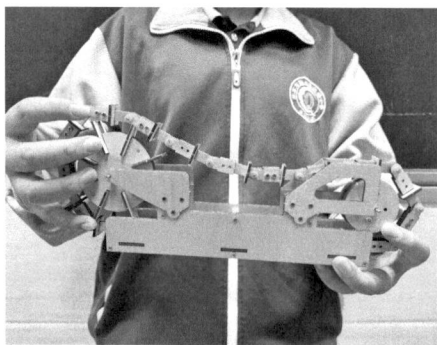

图 8　龙骨水车成果展示

图 9　制作投石车

【阶段成果与评价载体】

关于杠杆的模型展示与分析

【评价量规】

略

【设计意图】

自选模型种类，重新经历搜寻资料、寻找材料、自主设计制作杠杆模型的过程，在制作过程中体会创作的艰辛，加深对杠杆的理解。

（五）成果展示（持续时间：2 节课）

自制杠杆模型展示与解说（杆秤或其他模型）

【学生活动】

展示所选模型，并对其使用方法和原理进行解说。

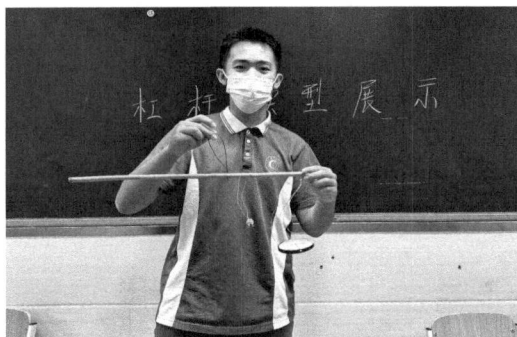

图 10　杆秤成果展示

图 11　龙骨水车成果展示

图 12　投石车成果展示

【阶段成果与评价载体】

杠杆应用模型

【评价量规】

表3 评价量规表

评价对象	评价指标	评价标准	评分	修改意见
外观	外观是否美观	比较美观（8—10分） 一般（5—7分） 不美观（1—4分）		
对杠杆的应用	能否体现杠杆的工作原理	能（8—10分） 基本能（5—7分） 不能（1—4分）		
模型工作原理	模型是否符合杠杆工作的原理	符合（8—10分） 基本符合（5—7分） 不符合（1—4分）		
模型解说	解说是否清晰	清晰（8—10分） 比较清晰（5—7分） 不清晰（1—4分）		

【设计意图】

对自己的作品进行全方位的展示，收获辛勤付出所带来的自豪感，学生互评并提出建议，让学生了解自己需要不断提升，在一次次真实经历中收获成长。

（六）项目反思（持续时间：5天）

项目成果总结交流

【学生活动】

学生根据作品展示后收获的建议进行反思、修改。

【阶段成果与评价载体】

反思报告，模型

图13 投石车模型

图14 龙骨水车模型

图15 杆秤模型

【评价量规】

1.反思是否深刻合理

2. 模型是否进一步完善

【设计意图】

通过反思，不断提升自己。

六、总结反思

在项目式学习的过程中，看着孩子们从懵懵懂懂、需要老师的细致指导，到自主学习、探索，相互合作、交流，通过一次次实践提升自己、展示自己，深刻地感受到了学生的成长和进步，项目式学习给学生提供了一个很好的平台，让他们有了更多的发挥空间，在学习的同时收获了自信，提升了孩子的综合素养，也对自己家乡的运河文化形成了更加深刻的了解，项目式学习这种学习方式值得我们不断探索。

我是小小发明家
——创新协作围棋筛选器

项目名称	我是小小发明家——创新协作围棋筛选器
核心驱动问题	如何利用机器对黑白棋子进行颜色筛选？
项目时长	24 天
开展年级	初一年级
涉及学科	信息科技、劳动技术、物理
项目最终成果	可对围棋棋子颜色进行筛选区分的机器
案例作者	郭子夜、李志刚

一、项目介绍

围棋筛选器的设计初衷，是基于我校许多师生都喜欢下围棋，但每次下完围棋后，黑棋和白棋混在一起，须一个一个挑出来，很浪费时间。因此，我们发明了一台可对围棋棋子颜色进行筛选区分的机器，来解决这个实际问题。我们将学习主题定为"我是小小发明家——创新协作围棋筛选器"，以信息科技、劳动技术、物理为学科基础，围绕"如何利用机器对黑白棋子进行颜色筛选"这一核心驱动问题，拓展学科学习，以活动任务引领，推动学生自主学习、合作探究，利用 Mixly 编程软件和 Arduino 开发板，开展创新协同、动手实践活动。学生在活动中深度学习，发展动手制作、协同创新、交流合作探究等实践能力，培养学生坚韧不拔的品质和卓越创造力，全面提升学生核心素养。

二、学情分析

根据 2023 年 9 月对我校初一年级 255 名学生进行问卷调查发现：有 95.7% 的学生曾独立制作过小手工、小模型等；有 87.53% 的学生曾与同学合作制作过小手工、小模型等；有 73.2% 的学生了解、学习过简单的编程语言及软件；有 55.18% 的学生应用过编程语言及软件；有 11.62% 的学生应用编程语言及软件、结合手工模型，融合成小发明、小创造。

结合调查问卷结果分析，发现初一年级学生拥有一定的手工制作基础，并能够和同学们合作完成简单的小作品。在编程方面，多数学生在小学阶段已了解、学习过简单的编程语言及软件（图形化编程），且有一部分同学能够把手工制作和程序编写相结合，融合成小发明、小创造。

三、项目目标

表 1　项目目标量化表

涉及学科	学科核心素养	学业发展目标	项目目标
信息技术	数字化学习与创新	在学习过程中，选择恰当的数字设备支持学习，改变学习方式，具备利用信息科技进行自主学习和合作学习的能力。	1. 在学习过程中，选择恰当的数字设备支持学习，学习使用 Mixly 编程软件和 Arduino 开发板，开展创新实践活动。以小组合作、项目式学习的形式，培养学生利用所学知识及数字化设备，进行自主探索、学习与创新的能力。 2. 创作设计围棋棋子颜色筛选器物理模型，培养学生能根据实际需要，制定方案，将整体物理模型进行区域化功能分割、理解、制作，并能够独立完成产品物理模型的实践应用测试。 3. 在项目式学习中，着重关注并培养发展动手制作、创新思考、交流合作探究等实践能力。
劳动技术	劳动能力	能根据需要，使用某项新技术设计制作简单的产品模型或原型，并独立完成产品的技术测试。	
物理	科学探究	科学探究是指基于观察和实验提出物理问题、形成猜想与假设、设计实验与制订方案、获取与处理信息、基于证据得出结论并作出解释，以及对科学探究过程和结果进行交流、评估、反思的能力。	

四、分解驱动问题

表 2 驱动问题分解表

核心驱动问题	项目成果		
如何利用机器对黑白棋子进行颜色筛选？	可对围棋棋子颜色进行筛选区分的机器		
分解驱动问题	项目活动	评价载体	评价方式
围棋棋子颜色筛选器物理模型应具备哪些功能？	小组成员完成项目拆解，各自领取阶段性任务，选定总筹划组长，设计围棋棋子颜色筛选器物理模型，将整体物理模型进行三大块功能分割理解，分为识别有效投放棋子区域、棋子颜色确认及根据颜色进行筛选。	围棋棋子颜色筛选器物理模型项目清单。明确各项功能落实应用。	教师及时指导、反馈；项目落实评价表。
如何利用机械臂进行棋子筛选？	根据物理模型和需求分析，小组成员确认机械臂预期实现功能，并制定物理模型方案。将围棋棋子倒入管子内，1 号舵机将最底下的棋子拨到灰度传感器下面，从而实现对棋子颜色进行筛选；通过控制 2 号舵机转动，对黑色和白色棋子进行归类。	围棋棋子颜色筛选器物理模型项目清单。明确各项功能落实应用。	教师及时指导、反馈；项目落实评价表。
如何确定筛选器上已投放棋子？	根据需求，小组成员分析并确定所需功能设计及红外传感器。通过红外传感器传回来到 Arduino 开发板的数值，判断此时筛选器上是否已投放棋子。	围棋棋子颜色筛选器物理模型项目清单。围棋棋子颜色筛选器程序开发进度记录表。	教师及时指导、反馈；项目落实评价表。
如何利用筛选器确认棋子颜色？	根据需求，小组成员分析并确定所需功能设计及灰度传感器。通过灰度传感器传回到 Arduino 开发板的数值，判断它是黑色棋子还是白色棋子。	围棋棋子颜色筛选器物理模型项目清单。围棋棋子颜色筛选器程序开发进度记录表。	教师及时指导、反馈；项目落实评价表。

五、项目式学习实施过程与评价方案

（一）入项活动（持续时间：1 节课）

学习利用机器对黑白棋子进行颜色筛选

【学生活动】

学生观看棋子分拣机视频，结合对围棋筛选器的设计初衷，引导学生分析并明确围棋筛选器所需具体功能，梳理项目核心驱动问题。

【设计意图】

源于学生实际校园生活需求的主题，更易于激发学生的学习兴趣，培养学生创新协同、合作探究能力，提高学生的参与度与积极性。

（二）分解驱动问题1（持续时间：6天）

围棋棋子颜色筛选器物理模型应具备哪些功能？

【学生活动】

在活动之初，小组成员合作明确共同目标、制订计划，协同合作完成项目拆解，确定所需原材料及编程软、硬件设备。设计围棋棋子颜色筛选器物理模型，将整体物理模型进行三大块功能分割理解，分为识别有效投放棋子区、棋子颜色确认及根据颜色进行筛选。根据项目需求，对自己的能力做出正确的评估，各自领取阶段性任务，选定总筹划组长，明确分工，制作分工表。在项目推进过程中，主动承担责任，做到不懈怠、不抱怨，从而提高自主学习和合作探究能力。

【阶段成果与评价载体】

表3　围棋棋子颜色筛选器物理模型项目清单

已完成进度	有效投放棋子区	棋子颜色确认	根据颜色进行筛选
制定物理模型设计方案			
确认选购原材料			
对物理模型进行组装			
试验物理模型是否可实现预期功能			
与机身主体进行组装，合成主机			

图1　学生小组合作制定物理模型

【评价量规】

表4 评价量规表

评价项目	项目前准备	项目中表现	协作意识	创新提升
项目要求	认真完成项目前调研学习； 认真进行项目前准备； 查阅收集有关资料。	认真思考； 积极动手； 主动承担责任。	尊重同学； 互相启发； 协作礼让。	发挥所长； 体现独立思考。
评价标准	能（9—10分） 基本能（6—8分） 不能（2—5分）	能（9—10分） 基本能（6—8分） 不能（2—5分）	能（9—10分） 基本能（6—8分） 不能（2—5分）	能（9—10分） 基本能（6—8分） 不能（2—5分）
学生姓名				
学生互评				
教师评价				
小组综合评价				

【设计意图】

通过活动，学生能够在自主学习、协同探究的同时，主动承担责任，懂得承担的过程也是自身不断获得成长的过程。在活动中，项目组学生能够明确共同目标、制订计划，共同完成项目拆解，在项目中成长，力求以真实的活动给学生带来更加深刻的情感体验。

（三）分解驱动问题2（持续时间：6天）

如何利用机械臂进行棋子筛选？

【学生活动】

学生以小组为单位，根据物理模型和需求分析，小组成员确认机械臂预期实现功能，并制定物理模型方案，确认选购原材料，对机械臂进行组装搭建。

实现将围棋棋子倒入管子内，1号舵机能够将最底下的棋子拨到灰度传感器下面，从而实现对棋子颜色进行筛选；通过控制2号舵机转动，试验是否可以对黑色棋子和白色棋子进行归类。

【阶段成果与评价载体】

表5 围棋棋子颜色筛选器机械臂模型项目清单

已完成进度	有效投放棋子区	棋子颜色确认	根据颜色进行筛选
制定物理模型设计方案			
确认选购原材料			
对物理模型进行组装			
试验物理模型是否可实现预期功能			
与机身主体进行组装，合成主机			

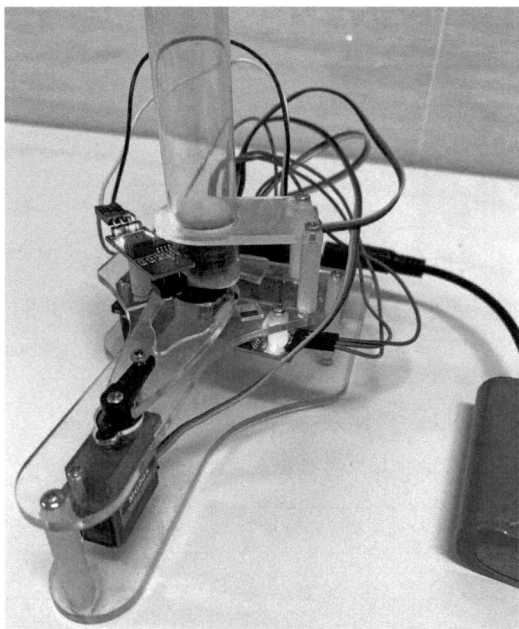

图 2　学生小组合作制定机械臂物理模型

【评价量规】

表 6　评价量规表

评价项目	项目前准备	项目中表现	协作意识	创新提升
项目要求	认真完成项目前调研学习；认真进行项目前准备；查阅收集有关资料。	认真思考；积极动手；主动承担责任。	尊重同学；互相启发；协作礼让。	发挥所长；体现独立思考。
评价标准	能（9—10分）基本能（6—8分）不能（2—5分）	能（9—10分）基本能（6—8分）不能（2—5分）	能（9—10分）基本能（6—8分）不能（2—5分）	能（9—10分）基本能（6—8分）不能（2—5分）
学生姓名				
学生互评				
教师评价				
小组综合评价				

【设计意图】

活动设定与初中新课程标准的学业发展目标相符，学生能够根据需要，制订计划，选择恰当的原材料设计制作简单的机械臂模型，并独立完成产品的技术测试。在动手制作中不断反思、创新，凸显学生在学习中的主观能动性及自我成长。

（四）分解驱动问题 3（持续时间：6 天）

如何确定筛选器上已投放棋子？

【学生活动】

根据需求，小组成员分析设计、通过红外传感器来确定筛选器上已投放棋子。通过红外传感器传到 Arduino 开发板的数值，判断此时筛选器上是否已投放棋子。

【阶段成果与评价载体】

表 7 围棋棋子颜色筛选器程序开发进度记录表

已完成进度	确认投放棋子	棋子颜色确认	根据颜色进行筛选
选择并确认硬件设备			
制定程序设计方案			
编写功能程序			
试验程序是否可实现预期功能			
进一步修改程序			

图 3 学生小组合作设计：如何确认筛选器上已投放棋子

【评价量规】

表 8　评价量规表

评价项目	项目前准备	项目中表现	协作意识	创新提升
项目要求	认真完成项目前调研学习；认真进行项目前准备；查阅收集有关资料。	认真思考；积极动手；主动承担责任。	尊重同学；互相启发；协作礼让。	发挥所长；体现独立思考。
评价标准	能（9—10分）基本能（6—8分）不能（2—5分）	能（9—10分）基本能（6—8分）不能（2—5分）	能（9—10分）基本能（6—8分）不能（2—5分）	能（9—10分）基本能（6—8分）不能（2—5分）
学生姓名				
学生互评				
教师评价				
小组综合评价				

【设计意图】

通过活动，学生能够利用所学知识提升创新能力及实践能力。

（五）分解驱动问题 4（持续时间：6 天）

如何利用筛选器确认棋子颜色？

【学生活动】

学生以小组为单位，根据需求创新协同，小组成员分析并确定所需功能设计及灰度传感器。通过灰度传感器传回到 Arduino 开发板的数值，判断它是黑色棋子还是白色棋子。

【阶段成果与评价载体】

表 9　围棋棋子颜色筛选器程序开发进度记录表

已完成进度	确认投放棋子	棋子颜色确认	根据颜色进行筛选
选择并确认硬件设备			
制定程序设计方案			
编写功能程序			
试验程序是否可实现预期功能			
进一步修改程序			

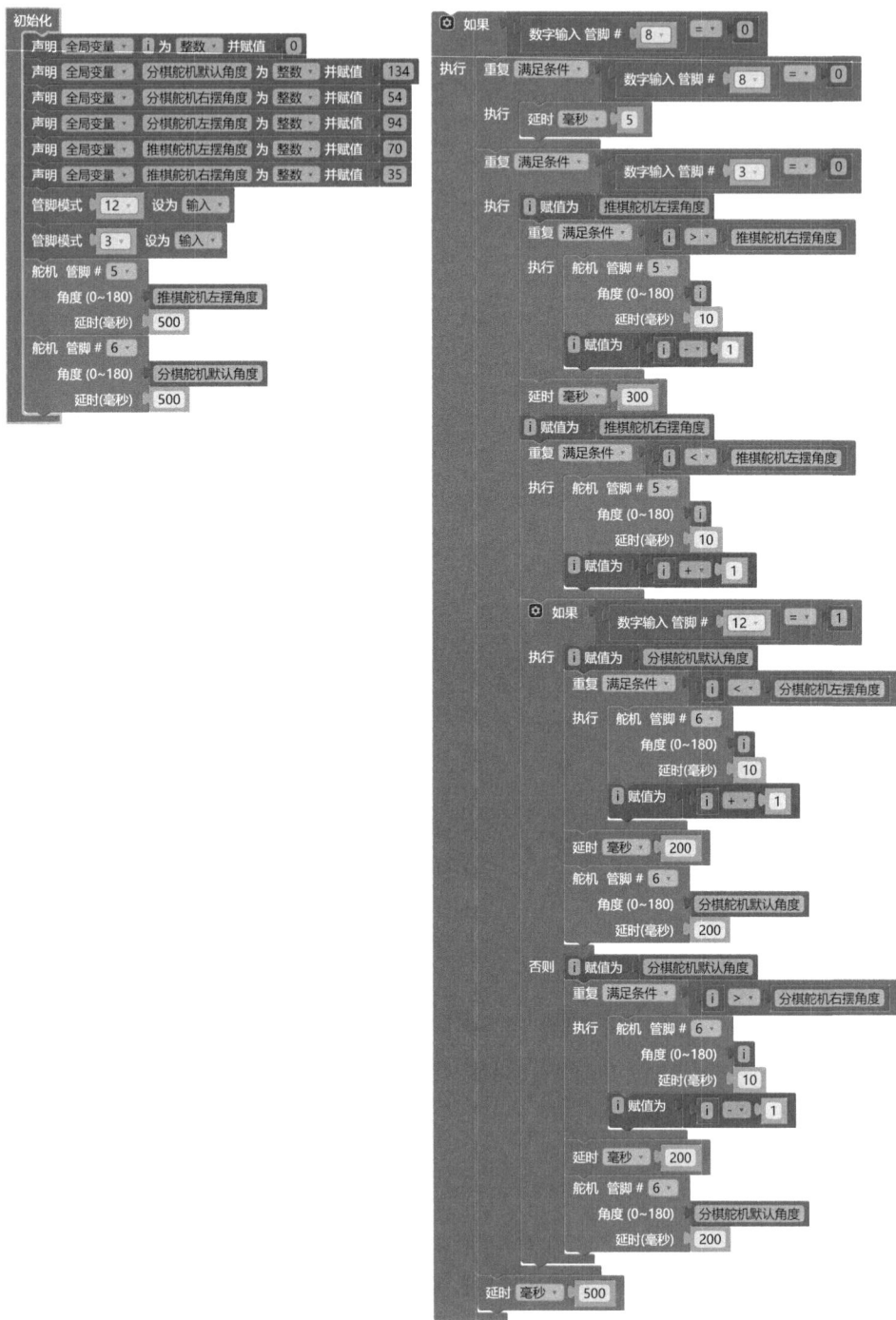

图 4　学生利用返回 Arduino 开发板的数值判断棋子颜色

【评价量规】

表 10　评价量规表

评价项目	项目前准备	项目中表现	协作意识	创新提升
项目要求	认真完成项目前调研学习； 认真进行项目前准备； 查阅收集有关资料。	认真思考； 积极动手； 主动承担责任。	尊重同学； 互相启发； 协作礼让。	发挥所长； 体现独立思考。
评价标准	能（9—10分） 基本能（6—8分） 不能（2—5分）	能（9—10分） 基本能（6—8分） 不能（2—5分）	能（9—10分） 基本能（6—8分） 不能（2—5分）	能（9—10分） 基本能（6—8分） 不能（2—5分）
学生姓名				
学生互评				
教师评价				
小组综合评价				

【设计意图】

通过对灰度传感器及 Arduino 开发板的探究、使用，进一步培养学生自主学习、合作探究的能力。

（六）成果展示（持续时间：6 天）

在学校围棋比赛中应用围棋筛选器，进行赛后棋子筛选。

【学生活动】

学生组织学校围棋比赛，在赛后利用围棋筛选器展示棋子筛选功能，邀请参赛教师、学生对围棋筛选器进行打分并提出反馈意见。

【阶段成果与评价载体】

《围棋筛选器实际应用效果》反馈意见汇总表。

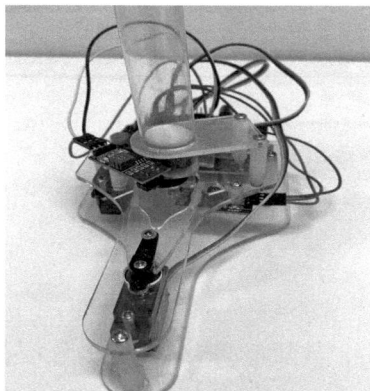

图 5　围棋筛选器模型展示

【评价量规】

略

【设计意图】

通过活动，学生从勇于承担小组项目责任，到有使命担当意识；接受他人正确的意见和建议，在创新协同的同时，不断反思、积极提升自身能力。通过活动，培养学生坚韧不拔的品质和卓越创造力。

（七）项目反思（持续时间：1节课）

项目总结

【学生活动】

学生根据《围棋筛选器实际应用效果》反馈意见汇总表进行集体讨论反思。

【阶段成果与评价载体】

《个人或小组反思报告》

【评价量规】

表 11 反思质量评价表

评价项目	项目前准备	项目中表现	协作意识	项目后反思
项目比重	10%	30%	20%	40%
项目要求	认真完成项目前调研；认真思考规划项目；查阅收集有关资料。	认真思考设计；积极动手制作；不断调整改进；做好垃圾回收。	尊重同学；互相启发；协作礼让。	结合项目实际完成情况进行反思，总结经验。
学生姓名	学生自评		学生互评	
	教师评价		综合评价	

【设计意图】

通过项目总结，讨论反思，学生不断自我优化。

六、总结反思

在项目式学习过程中，教师角色从"知识的传授者"转变为"学生学习的指导者、促进者"，项目中鼓励学生自主学习，积极探索、实践，主动承担项目责任，树立使命担当意识，为学生提供了更多的发挥空间和展示平台。支持学生在数字化学习环境下进行自我规划、自我管理和自我评价，创新协同，在"做中学"、"用中学"、"创中学"，凸显学生的主体性。教师在实践中加深了对项目化学习的认识，形成了教师团队的学习共同体。我校以"运河精神"为科学教育理念引导，意在通过项目式学习的方式，培养学生坚韧不拔的品质和卓越创造力。未来，我们将在项目式学习的道路上继续探索，再接再厉，以真实的问题和项目驱动，进一步培养学生的自主学习、解决问题的能力。

追寻红色记忆　弘扬运河精神

——制作红色研学系列活动 Vlog

项目名称	追寻红色记忆　弘扬运河精神 —— 制作红色研学系列活动 Vlog
核心驱动问题	青少年如何弘扬革命精神、彰显运河精神的使命担当？
项目时长	4 个月
开展年级	全体学生
涉及学科	道德与法治、历史、语文
项目最终成果	红色研学系列活动 Vlog
案例作者	富琦媛、刘丹、韩学文

一、项目介绍

该项目通过举办红色故事分享会、了解革命故事、设计红色研学路线、配乐诗朗诵歌颂革命精神等一系列活动，最后制作红色研学系列活动 Vlog，旨在引导青少年弘扬革命精神，发扬大运河精神，不断奋斗进取，坚持创新协同，彰显使命担当。

二、学情分析

通过问卷调查、走访等形式对我校学生进行调查发现：

已知点：经过道德与法治、历史等学科的学习，对中华文化有了初步的了解；通过九年级《道德与法治》（上册）第三单元"文明与家园"，对革命文化的相关知识有了进一步的理解和掌握。通过既有的学习能够面对一般情境问题，引用八年级下册和九年级上册的知识证实党的革命精神是在伟大斗争实践中形成的，在不同时期和完成不同任务中各有不同的重要内容。弘扬革命精神，必须紧密结合新的斗争实际，切实把握好时代特点和要求。当前，国家发展进入新阶段，我们开启了全面建设社会主义现代化国家的新征程。面对世界百年未有之大变局，面对复杂多变的国际形势和艰巨繁重的国内改革发展稳定任务，要战胜来自国内外的各种重大风险挑战，创造让世界刮目相看的新的更大奇迹，特别需要与时俱进地传承和弘扬好党的革命精神。

未知点：由于他们的生理发育、心理发展还不成熟，思维水平和社会经验有限，60.5%的学生对各个时期的革命先辈事迹了解甚少，甚至对北京的红色文化教育基地还不够清楚，对传承红色基因、赓续红色血脉的理解还不够深入，对担负中华民族伟大复兴的中国梦的历史使命仅仅停留在认知层面，不知如何落实在生活之中。

困惑点：党的十八大以来，习近平总书记多次提到"传承红色基因"，但是对于如何综合运用所学知识解答这一问题还有一定的难度，所以需要依托项目式学习活动引导学生深入理解，从而将小我融入建设社会主义现代化强国、实现民族复兴大我之中。

发展点：通过九年级《道德与法治》（上册）第三单元"文明与家园"，对革命文化的相关知识有了进一步的理解和掌握，引导青少年弘扬革命精神，担当时代使命，为实现祖国的繁荣发展贡献自己的青春力量。

三、项目目标

表 1　项目目标量化表

涉及学科	学科核心素养	学业发展目标	项目目标
道德与法治	政治认同使命担当责任意识	1. 了解中国共产党领导人民浴血奋战、百折不挠，创造了新民主主义革命的伟大成就，实现了从几千年封建专制政治向人民民主的伟大飞跃，理解中国人民从此站起来了，中国发展从此开启了新纪元。 2. 弘扬中华优秀传统文化讲仁爱、重民本、守诚信、崇正义、尚和合、求大同的核心理念。 3. 践行中华民族自强不息、敬业乐群、脚踏实地、实事求是的思想。	1. 通过项目式学习活动，深刻理解"江山就是人民，人民就是江山"，进而理解"中国共产党的根基、血脉、力量在人民"，形成正确的认知，树立正确的人民观，增进政治认同。 2. 通过项目式学习活动，理解在建设社会主义现代化强国，实现中华民族伟大复兴中国梦的进程中，青年人应具备的责任与担当，自觉将小我融入国家、民族复兴的大我之中，以青春之我成就青春之中国，落实公共参与。 3. 通过项目式学习讲好红色故事，进一步理解信仰的力量，明确在实现第二个百年奋斗目标、实现中华民族伟大复兴梦想中必须弘扬伟大建党精神，坚定一心一意跟党走的信念，培养科学精神，坚定政治认同。
历史	家国情怀	学习和探究历史应该具有的社会责任和人文情怀，包含：优秀传统文化、民族精神、民主法治、科学精神、世界意识、积极的人生态度和健全的人格、联系现实等。	
语文	文化自信	热爱中华文化，继承和弘扬中华优秀传统文化、革命文化、社会主义先进文化	

四、分解驱动问题

表 2　驱动问题分解表

核心驱动问题	项目成果		
青少年如何弘扬革命精神、彰显运河精神的使命担当？	制作红色研学系列活动 Vlog		
分解驱动问题	项目活动	评价载体	评价方式
大运河人文内涵中蕴含的革命精神	合作探究——了解革命故事	故事选取讲述	自我评价组间评价
设计红色研学路线，撰写解说词	赓续革命血脉——推荐红色研学路线	革命场馆选取研学路线绘制	教师评价组间评价
查找歌颂革命精神的诗歌，弘扬革命精神	歌颂革命精神——配乐诗朗诵	歌颂革命精神的诗词歌赋选取、配乐、朗诵	教师评价组间评价
制作红色研学系列活动 Vlog	结合前三个任务，完成 Vlog 制作	活动纪实剪辑拍摄	多元评价

五、项目式学习实施过程与评价方案

（一）分解驱动问题 1（持续时间：15 天）

大运河人文内涵中蕴含的革命精神

图 1　学生通过集体讨论，查找关于英雄人物的资料，并讲述英雄人物事迹

【学生活动】

通过调查研究、合作探究，了解革命故事，举办红色故事会。

【阶段成果与评价载体】

阶段成果：举办红色故事分享会

评价载体：故事选取、讲述

【评价量规】

表 3   红色故事分享会实施评价表

评价对象	评价指标	评价标准	评分	修改建议
故事选取	内容翔实	能（9—10分）基本能（6—8分）不能（2—5分）		
	条理清晰			
	能体现说明对象特征、价值			
	有自己的情感倾向			
讲述	语言流畅、情感丰沛、内容表达完整准确	能（9—10分）基本能（6—8分）不能（2—5分）		

【设计意图】

通过举办红色故事分享会，了解革命人物的先进事迹，讲好红色故事，进一步理解信仰的力量，明确在实现第二个百年奋斗目标、实现中华民族伟大复兴梦想中必须弘扬伟大建党精神，坚定一心一意跟党走的信念，培养科学精神，坚定"四个认同"。

（二）分解驱动问题 2（持续时间：30 天）

设计红色研学路线，撰写解说词。

【学生活动】

通过查阅资料、实地调研，选取红色研学路线，撰写解说词。

【阶段成果与评价载体】

阶段成果：绘制红色研学路线图。

评价载体：革命场馆选取、地图绘制、推荐红色研学路线。

【评价量规】

表 4   红色研学路线实施评价表

评价对象	评价指标	评价标准	评分	修改建议
革命场馆选取	所选场馆能体现革命精神	能（9—10分）基本能（6—8分）不能（2—5分）		
地图绘制	绘制清晰、美观、图文并茂	能（9—10分）基本能（6—8分）不能（2—5分）		
推荐红色研学路线	推荐路线规划合理	能（9—10分）基本能（6—8分）不能（2—5分）		

【设计意图】

通过绘制红色研学路线图，传承和弘扬红色文化，增强红色文化的传播力和教育力，同时促进爱国主义教育和革命精神的传承。加深学生对红色文化的理解和认同，同时促进地区间的文化交流与合作，从而达到传承红色文化、增强红色文化的传播力和教育力、加强爱国主义教育的目的。

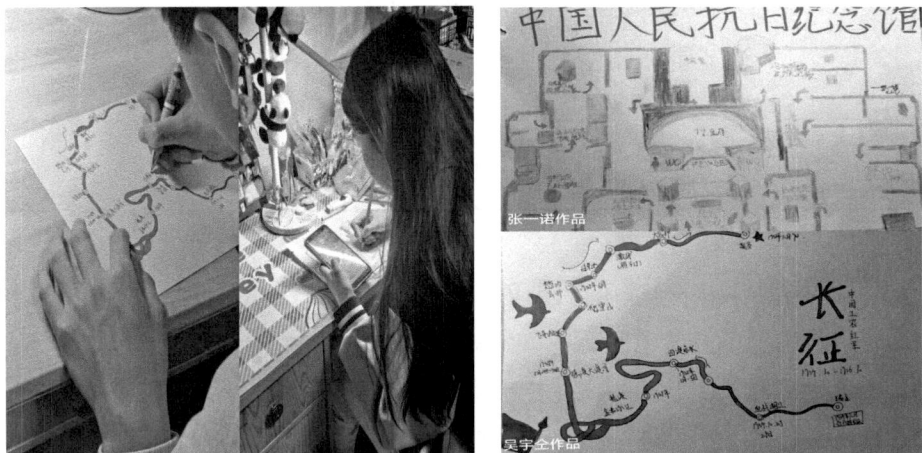

图 2　学生进行网络查找背景资料，确定绘画的线路，起稿绘画

（三）分解驱动问题 3（持续时间：15 天）

查找歌颂革命精神的诗歌，弘扬革命精神。

【学生活动】

通过查阅资料、合作探究，选取歌颂革命精神的诗歌，弘扬革命精神。

【阶段成果与评价载体】

阶段成果：歌颂革命精神配乐诗朗诵。

评价载体：歌颂革命精神的诗词歌赋选取、配乐、朗诵。

【评价量规】

表5　歌颂革命精神配乐诗朗诵实施评价表

评价对象	评价指标	评价标准	评分	修改建议
歌颂革命精神的诗词歌赋选取	内容相符，能体现出革命精神	能（9—10分）基本能（6—8分）不能（2—5分）		
	有自己的情感倾向	能（9—10分）基本能（6—8分）不能（2—5分）		
配乐	能与诗歌内容的情感意境匹配	能（9—10分）基本能（6—8分）不能（2—5分）		
朗诵	语言流畅、情感丰沛、内容表达完整准确	能（9—10分）基本能（6—8分）不能（2—5分）		

【设计意图】

通过歌颂革命精神配乐诗朗诵，唤起爱国主义情怀、促进社会主义核心价值观的传播，以及传承和弘扬革命文化。歌颂革命精神配乐诗朗诵不仅是一种艺术表达形式，更是一种文化传承和社会教育的有效途径，对于激发爱国热情、提高文化素养、促进社会和谐发展具有重要意义。

（四）成果展示（持续时间：30天）

制作一个红色研学系列活动Vlog

【学生活动】

通过Vlog的形式展现红色系列活动成果

【阶段成果与评价载体】

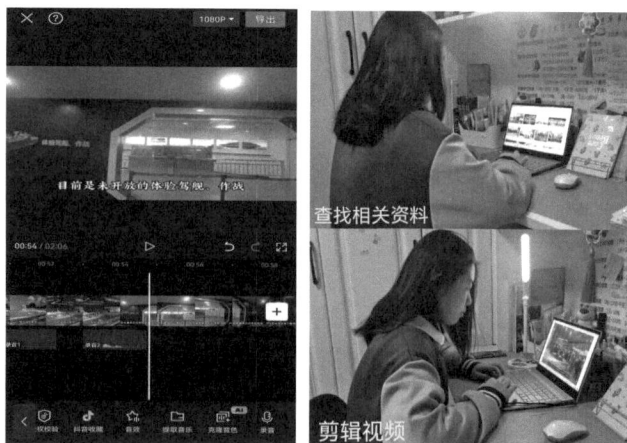

图3　学生查找相关资料进行视频剪辑工作

图 4 学生视频剪辑作品

【评价量规】

表 6 红色研学系列活动 Vlog 实施评价表

评价对象	评价指标	评价标准	评分	修改建议
活动纪实	全面、及时、能够反映出真实的活动过程	能（9—10分） 基本能（6—8分） 不能（2—5分）		
剪辑拍摄	画面清晰、美观、流畅、声情并茂	能（9—10分） 基本能（6—8分） 不能（2—5分）		

【设计意图】

通过视频的形式记录和传播红色研学活动的经历和收获，以此加深参与者对红色文化和革命历史的了解，同时激发观众的爱国情怀，增强团队合作意识，培养坚韧不拔的意志品质。制作红色研学系列活动 Vlog，不仅是对参与者个人成长的一种记录，也是对红色文化和革命历史的一种传播方式，具有重要的教育意义和社会价值。

（五）项目反思（持续时间：15 天）

个人反思日志

【学生活动】

通过撰写个人反思日志，反思自身在项目活动中的不足，并提出修改的具体方案。

【阶段成果与评价载体】

学生反思总结，鼓励项目成员定期记录个人在项目中的经历、感受、学习及改进建议。

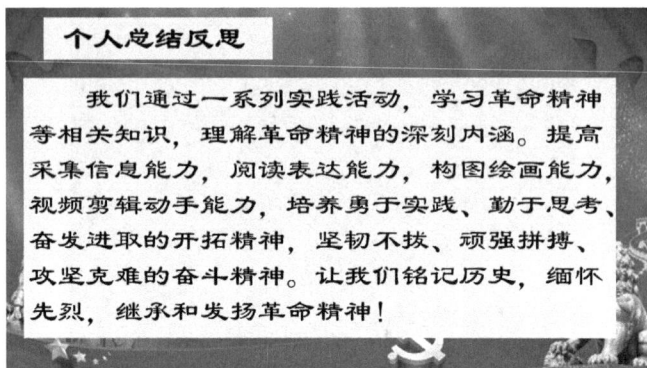

图5　学生个人反思

【评价量规】

表7　项目反思评价表

评价对象	评价指标	评价标准	评分	修改建议
项目中的经历	全面、及时、能够反映出真实的活动经历	能（9—10分） 基本能（6—8分） 不能（2—5分）		
参与项目的感受	能够真实反映自身项目的感受	能（9—10分） 基本能（6—8分） 不能（2—5分）		
项目过程中学习到了什么	具体体现项目过程中学习到了哪些知识，提升了哪些能力	能（9—10分） 基本能（6—8分） 不能（2—5分）		
改进建议	能够针对问题提出具体且可行的修改建议	能（9—10分） 基本能（6—8分） 不能（2—5分）		

【设计意图】

通过撰写个人反思日志，优化项目工作流程、明确项目工作问题、促进个人成长、增强团队协作能力。

六、项目成果

红色研学系列活动 Vlog。

七、总结反思

在项目式学习过程中，教师从旁指导、帮助，更多是让学生自己去探索、实践，给学生提供更多的发挥空间和展示平台。学生在学习过程中表现出了积极的一面，但是如果学生的自主式学习能力并不强的话，学习的效果就很难保证，这就要求学生有较强的学习自主性。一旦项目进行过程中遇到了问题，而一时又未能解决的话，学习的兴趣就会急速降低，从而导致厌学的情绪上升。这就要求老师在项目式教学上要时刻关注学生的动态。教师在实践中加深了对项目化学习的认识，形成了教师团队的学习共同体。未来，立足素养导向和学生本位，我们将在项目式学习的道路上继续探索。

"校园草木，岁月温情——跟汪曾祺学写作"特色台历制作

项目名称	"校园草木，岁月温情——跟汪曾祺学写作"特色台历制作
核心驱动问题	如何从名家散文中借鉴写作方法，更好地记录自己的生活
项目时长	8 周
开展年级	初一、初二年级
涉及学科	语文、美术、信息技术
项目最终成果	一本记录校园草木和师长风貌的特色台历
案例作者	高东艳、果园

一、项目介绍

大运河是祖先留给我们的宝贵遗产，是流淌的文化符号和悠久的精神寄托，滋养着城市的土壤，更培育城市人文精神。

本项目围绕我校"运河人文科学"主题，依据现实生活，以七八年级语文课内写景写人文章学习为基础，重点以汪曾祺的散文集《人间草木》整本书阅读为主要学习资源，通过一系列阅读、梳理、探究等活动，体会汪曾祺描写景物及人物的方法和语言特色，在此基础上学习其写法，进行微写作实践，记录校园草木特性、内涵及师长的独特风貌，结合美术相关知识和技能，制作次渠中学"校园草木，岁月温情"台历，在此实践过程中提升学生的阅读和写作能力，让学生进一步感悟运河"融合共生"的人文内涵，提升整体素养，增强文化自信及审美情趣。

二、学情分析

从 2022 年 9 月起，我校语文组从初一年级开始交际语境写作课程体系的构建及实践探索。在平时的写作教学中，注重设置与学生生活实际相关的情境写作任务，学生在此情境下根据整合的写作单元教学内容，学习相应的方法并进行实际运用，写作动机和兴趣有了较明显的增强，尤其是在写景写人方面积累了一定的经验。但是，根据学生的作文情况和成绩可以得知，学生在表现手法和语言运用上还是有待提升。学生的学习资源局限在教材有限的篇目中，在写景、写人散文的实践上还是有明显的模式化倾向，缺少对生活的深入观察体会和感悟，写作语言缺少生动性和个性化色彩。许多学生困惑于发掘生活中有意义的素材，在平凡生活中发现值得记录的内容，不能表达出自己对生活细腻独特的感悟。此项目计划以解决学生写作中的问题为目标，设计真实情境任务，将"提升写景状物记人的写作能力"的核心问题转化为"制作'校园草木，岁月温情'台历"的项目实践活动，以期提升学生的写作素养。

根据对我校初二学生（120 人）的调查问卷统计，仅有 1.6% 的同学阅读过《人间草木》一书；有 54.16% 的同学对于汪曾祺的散文语言风格有所了解；只有 25.83% 的同学觉得自己的语言有较为明显的特色；有 79.2% 的同学对于自己校园的草木缺少细致观察，更缺乏对文化内涵的了解；有 81.67% 的同学希望自己的写作能够在生活中得以展现或运用。

另外，通过访谈得知，学生对于阅读故事情节不强的散文集还缺少经验，对于汪曾祺的写作特色较难把握。汪曾祺的散文之所以打动人，与他对生活细致入微的观察和感受有直接关系，项目实践中要加强对学生观察和感受生活的引导。《人间草木》的语言风格朴素又不失雅洁，恬淡中又蕴含风趣，学生模仿起来并非易事，老师要从具体文字入手进行有针对性的指导。

对于台历的设计，初一、初二学生已经具备了一定的美术作品的审美与创作能力，学生对于生活中常用的台历有充分的认知，对于设计有自己校园生活内容的台历有着浓厚的兴趣，参与热情高，但是对于独立设计制作台历还没有具体经验，需要老师的指导，其中涉及的电子画绘制等都需要边学边实践。

本项目组同学参与语文项目式学习，还是首次，缺少相应的经验，同学来自不同班级，在项目实施过程中还需要更好地沟通和合作。

三、项目目标

表1　项目目标量化表

涉及学科	学科核心素养	学业发展目标	项目目标
语文	语言运用：学生在丰富的语言实践中，通过主动的积累、梳理和整合，形成个体语言经验，能在具体语言情境中有效交流沟通。审美创造：学生通过感受、理解、欣赏、评价语言文字及作品，获得较为丰富的审美经验，具有初步的感受美、发现美和运用语言文字表现美、创造美的能力；涵养高雅情趣，具备健康的审美意识和正确的审美观念。	1. 阅读名著，探索个性化的阅读方法，分享阅读感受，开展专题探究，建构阅读整本书的经验。2. 写作时考虑不同的目的和写作对象，要有真情实感。注重写作过程中搜集素材、构思立意、列纲起草、修改加工等环节，提高独立写作的能力。3. 学习跨媒介阅读与运用，体会不同媒介的表达特点，根据需要选用合适的媒介呈现探究结果；自主组织文学活动，活动过程中体验合作与成功的喜悦。	1. 制定《人间草木》（江苏文艺出版社）阅读计划，并完成典型篇目的阅读，品味作品中蕴含的自然本心，感受文化名人身上的真情真性，建构阅读整本书的经验。2. 开展汪曾祺散文写作语言的专题探究。通过一系列的阅读、梳理、探究等活动，体会汪曾祺描写景物及人物的方法和语言风格，提升审美鉴赏能力。3. 认真观察校园里的草木植物和师长，选取其中你最喜欢的一种，仿照汪曾祺的写法，分别完成台历中"校园草木"和"岁月温情"部分的文字撰写，在写作实践与交流中提升写作素养。4. 精选出描写草木和介绍师长的优秀作品，利用美术知识，从实用、美观的角度进行台历整体版面设计，最终印制完成2024年次渠中学专属的《校园草木，岁月温情》台历。通过活动培养学生的创造和展现艺术美感的能力。
美术、信息技术	艺术表现。在艺术活动中创造艺术形象、表达思想感情、展现艺术美感。创意实践。综合运用多学科知识，紧密联系现实生活，进行艺术创新和实际应用。	利用画笔和计算机应用造型元素和形式原理，从实用、美观环保的角度，为班级和学校的活动，设计作品；结合生活中常见的和具有地域特色的文化内容，综合运用不同学科知识、技能和思维方式设计与制作文创产品并进行展示与交流。	

四、分解驱动问题

表2　驱动问题分解表

核心驱动问题	项目成果		
如何从名家散文中借鉴写作方法，更好地记录自己的生活，感受生活中的和谐与美好。	一本记录校园草木和师长风貌的特色台历		
分解驱动问题	项目活动	评价载体	评价方式
阅读《人间草木》一书，探究汪曾祺散文状物记人的手法及特色	制定《人间草木》整本书阅读计划，并自主阅读。选取自己最喜爱的状物写人的篇目重点阅读，在书中进行批注。梳理、概括汪曾祺状物写人的方法及特色，并以小组为单位进行交流。	1. 书中批注的赏析文字 2. 汪曾祺状物记人散文方法特色笔谈	学生互评与教师评价结合

续表

如何撰写台历中介绍"校园草木"的文案	观察了解校园草木生长过程及特性，搜集资料发掘其文化内涵。完成"校园草木"的文案撰写（每人选择一种）。评选出12篇最佳文案。	"校园草木"介绍文案	借助文案评价量表，师生共评
如何撰写台历中展现"岁月温情"的文案	观察、采访自己最敬爱的师长，感受其性格特征及人格魅力。完成"岁月温情师长风貌"的文案撰写（每人选择一位）。评选出13篇最佳文案。	"岁月温情，师长风貌"文案	借助文案评价量表，师生共评
如何设计并制作完成"校园草木，岁月温情"特色台历	结合文案，进行电子画创作。进行台历版面整体设计、完成电子版台历，并共同完善，以备印刷。	"校园草木，岁月温情"特色台历电子版	借助特色台历制作评价量表，师生共评

五、项目式学习实施过程与评价方案

（一）入项活动（持续时间：1节课）

结合汪曾祺散文集《人间草木》及台历实物，了解项目流程，明确项目任务。

【学生活动】

学生观看台历实物，了解台历的基本结构，明确项目内容。浏览汪曾祺《人间草木》中"一果一蔬"与"联大师友"部分，感受台历短文创作的基本样式及风格特点。自由组合，结成项目小组。

【设计意图】

运用学科知识，完成具体实物的创作设计，激发学生学习兴趣，提高学生的参与积极性，树立起学以致用的意识。

（二）分解驱动问题1（持续时间：7天）

阅读《人间草木》一书，探究汪曾祺散文状物记人的手法及特色。

【学生活动】

自主制定《人间草木》整本书阅读计划，自主阅读。选取自己最喜爱的状物写人篇目重点阅读，着重关注写作内容及写作方法，进行相关批注。梳理、概括汪曾祺状物写人的方法及特色，组内讨论交流批注成果，并以小组为单位进行交流分享。

【阶段成果与评价载体】

阶段成果：阅读批注内容及写作特色分享。

图 1　项目组成员分享阅读收获

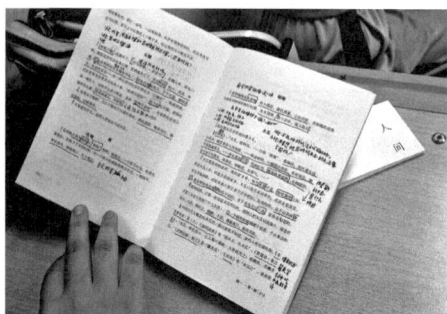

图 2　项目组成员的阅读笔记

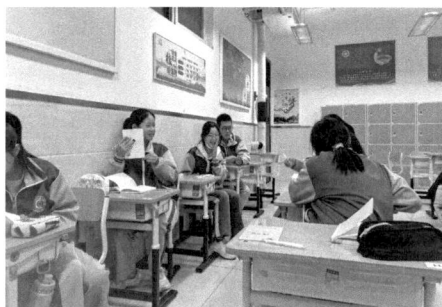

图 3　项目组分组讨论

图 4　项目组成员分享阅读收获

【评价量规】

表 3　汪曾祺写作特色分享评价表

分享人		评价人		日期	
评价对象	评价指标	评价标准	评分		修改建议
写作内容	能否准确把握文段从哪些方面介绍景 / 人物。	能（9—10分） 基本能（6—8分） 不能（2—5分）			
写作方法	能否准确，全面说出文章写作中运用的写作方法。	能（9—10分） 基本能（6—8分） 不能（2—5分）			
语言特色	能否结合文章内容，概括文章语言特色。	能（9—10分） 基本能（6—8分） 不能（2—5分）			
教师指导意见					

【设计意图】

通过学生自主选择阅读篇目，锻炼自主阅读能力。通过圈画批注，提升学生鉴赏能力，养成在阅读中思考感悟的良好习惯。通过交流分享，使学生养成乐于分享的习惯，提升学生评价鉴赏能力。

（三）分解驱动问题2（持续时间：14天）

如何撰写台历中介绍"校园草木"的文案

【学生活动】

寻找记录校园内草木，观察了解校园草木生长过程及特性。利用网络或相关书籍搜集资料、发掘草木蕴含的文化内涵。确定校园草木最美时间并将其划分到不同月份。完成"校园草木"的文案初稿撰写（每人选择一种），交流改进，并最终完成电子版定稿。

【阶段成果与评价载体】

阶段成果：活动照片及"校园草木"部分文案。

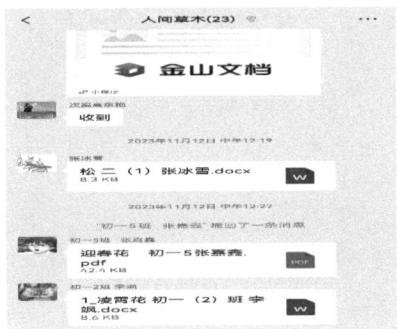
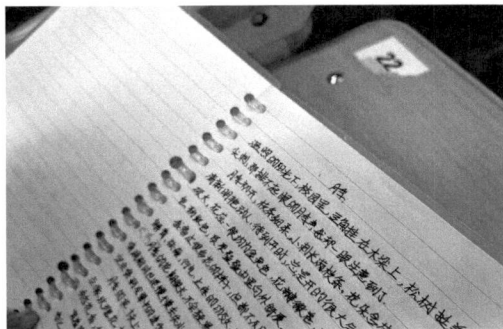

图5　项目组成员完成"草木"文集定稿　图6　项目组成员撰写的"草木"文集初稿

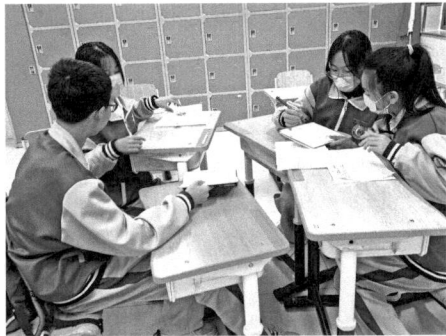

图7　项目组成员观察校园中的植物，　图8　项目组分组讨论，修改文案
　　　　寻找文集"主角"

紫　藤

初二（2）班　吴攸　初二（4）班　牟言希

蓝天为底色，绿色与紫色交织，成就了一幅饱满的油画。

紫藤，又叫做藤萝。在不同地区，这种紫色的花朵，可以凉拌，可以油炸，能制作出好吃的"藤萝饼"、"藤萝糕"等风味食物。

就是这样的紫藤挂在学校的花架上，抢占了两座教学楼之间的所有美丽和风光。它挨挨挤挤垂落在绿色的枝叶间。同学们嬉笑着路过花架，紫色的小花，一串一串的，被风一吹，散发出淡紫色的清香，这是美的享受。这时，如果你恰好学了宗璞的《紫藤萝瀑布》，你也能听到它们的笑声呢。

当秋风吹来，它褪去了紫色的外衣，果实颗颗饱满，颜色与紫葡萄相近，紫藤代表深深的思念和执着的等待，宗璞不就是用它来寄托对故去亲人的怀念吗？是的，人生有喜忧，有得失，生命长河永远不会停止向前。

银　杏

初一（7）班　徐子萱

秋风起，银杏黄。

落日的霞光，照在金黄的银杏叶上，树叶边缘金黄，中间嫩绿，整片叶子黄绿相间，再配以土黄色的竖条纹，摸起来像细嫩的皮肤，舒服极了。

校园甬路上，不时有学生或老师，走着走着，被什么东西晃了一下眼，正好奇，不经意间抬头仰望，树上满是金黄的银杏叶，阳光照上去，让人在"自古逢秋悲寂寥"的季节里精神为之一振。

金黄的银杏叶，把秋天的热情点燃。

一阵风袭过，那满树的银杏叶纷纷飘落，在空中跳着优美的华尔兹，叶子落地，铺成了黄红相间的地毯。

不久，这落叶终将融入泥土，"化作春泥更护花"吧！

因为懂得了奉献，它才如此灿烂耀眼。

【评价量规】

表 4　"校园草木"文案评价量表

分享人			评价人		
评价对象	评价指标	评价标准	评分	修改建议
写作内容	能否多角度准确描写景物特点，能否发掘植物的具有的人文精神。	能（9—10分） 基本能（6—8分） 不能（2—5分）		
写作方法	能否运用上对比、引用等汪曾祺文章常用的写作方法。	能（9—10分） 基本能（6—8分） 不能（2—5分）		
语言特色	是否符合汪曾祺语言清新、流畅、质朴的特色。	能（9—10分） 基本能（6—8分） 不能（2—5分）		
文案总评	文案整体通顺流畅，篇幅长短适当。	能（9—10分） 基本能（6—8分） 不能（2—5分）		
指导教师建议				

【设计意图】

通过"校园草木"文案初稿，锻炼学生组织材料、雕琢语言的能力。通过交流评价，提升学生鉴赏文学作品能力。通过修改文案并完成电子版定稿，锻炼学生自主修改作品能力、计算机技术应用能力。

（四）分解驱动问题 3（持续时间 14 天）

如何撰写台历中展现"岁月温情"的文案

【学生活动】

确定写作对象，小组讨论观察、采访自己最敬爱的师长，感受其性格特征及人格魅力。与恩师合影，完成"岁月温情，师长风貌"文案初稿撰写（每人选择一位）。交流作品自主修改并完成电子版定稿。

【阶段成果与评价载体】

阶段成果：活动照片及"岁月温情，师长风貌"文案。

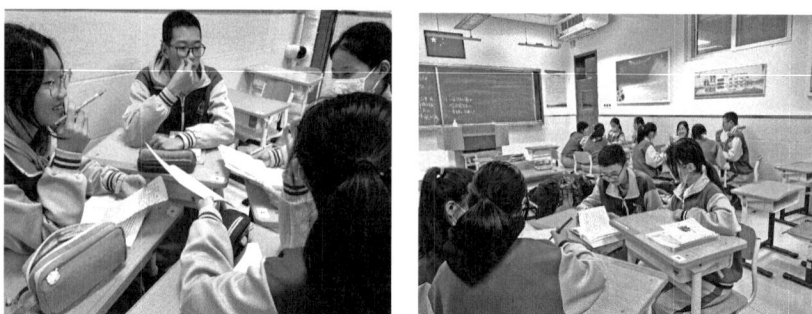

图9 项目组成员进行分组讨论，修改"岁月温情，师长风貌"文集初稿

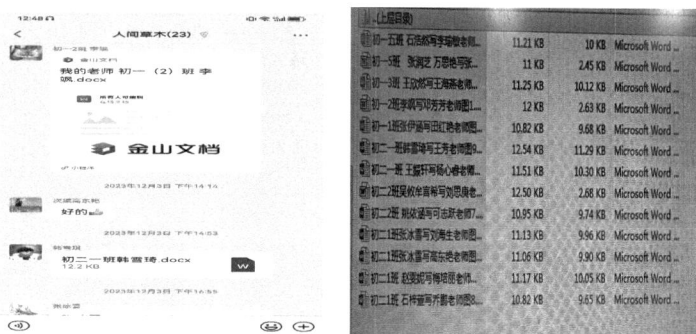

图10 项目组成员群内交流，完成定稿

难忘恩师

初一（2）班 李飒

像邓老师一样温柔的老师不多。

邓老师是我的语文老师，也是我的班主任。她的眼睛嫣然动人，目光灼灼。

她教课很用心。有次要背诵鲁迅《从百草园到三味书屋》的一个片段，她找了网上的视频，那个视频把片段编成歌曲，生动有趣，使我们减少了对背课文的厌烦。她面带微笑，手指PPT说："这样背书的形式很好，同学们课下也可以自行尝试，把要背的古诗或片段自行创编成歌曲。"因此，这堂课也使我印象颇深。邓老师年轻，她知道一些网络热梗。在上课，时常和我们"对接"。

我十分喜欢她的性格，很温柔，毫不严厉。上课随机叫别人回答问题，但即使那个同学回答不上来，她也不会责罚学生，而是仔仔细细再讲一遍。当学生犯错时，她和其他班主任不同，她会说："这样的事情下次不能再犯了。"而不是责骂一顿，保护了同学们的自尊心。

所以，大概我永远不能忘记她了。

师恩难忘

初二（1）班　韩雪琦

次渠中学有许多有趣的老师，王芳老师就是其中一位。

王老师既是我们的班主任也是我们的英语老师，不知为何英语老师的穿着都很时尚。她身高而瘦，眉细而微弯，与人相对，特别是倾听别人说话时，眼角常常含笑。我还真没见过她不笑的时候，她没有烦心事吗？只不过是她生性开朗乐观吧！

朗诵比赛前的那些中午，王老师总在教室陪我们练习，她似乎乐此不疲且神采奕奕，大抵因为这是我们班第一次参加比赛。她每天中午准时到达教室。"开始吧！"她听着我们一遍遍地朗诵。她听着，闭着眼睛感受我们的声音，嘴角微微上扬。当她睁开眼时总能有新的灵感和改进方案："这个地方应该……"她挥起了手臂，"加上动作会更好吧！"在她的指导下，我们的朗诵有了更好的表现力……王老师那么投入，好像是她自己要去参加比赛似的。

这样的老师谁不喜欢呢？

【评价量规】

表5　"岁月温情"文案评价量表

分享人		评价人		
评价对象	评价指标	评价标准	评分	修改建议
写作内容	能否抓住人物主要特点，并围绕这一特点组织较为翔实的材料。	能（9—10分） 基本能（6—8分） 不能（2—5分）		
写作方法	能否恰当运用人物描写方法，突出人物特点，生动展现人物。	能（9—10分） 基本能（6—8分） 不能（2—5分）		
语言特色	是否符合汪曾祺风趣、流畅、质朴的特色。	能（9—10分） 基本能（6—8分） 不能（2—5分）		
文案总评	文案是否能体现汪曾祺特点，是否符合台历文案特点。	能（9—10分） 基本能（6—8分） 不能（2—5分）		
指导教师建议				

【设计意图】

通过撰写"岁月温情"文案，锻炼学生把握人物特点，根据人物特点组织、筛选材料的能力。通过讨论交流，发现他人优点及自己的不足，提升文学作品鉴赏能力。

（五）分解驱动问题4（持续7天）

如何设计并制作完成"校园草木，岁月温情"特色台历

【学生活动】

自主完成台历版面整体设计初稿，交流讨论，根据改进意见完成最终稿，以备印刷。

【阶段成果与评价载体】

阶段成果：电子版台历初稿及最终稿。

图 11　电子版台历初稿

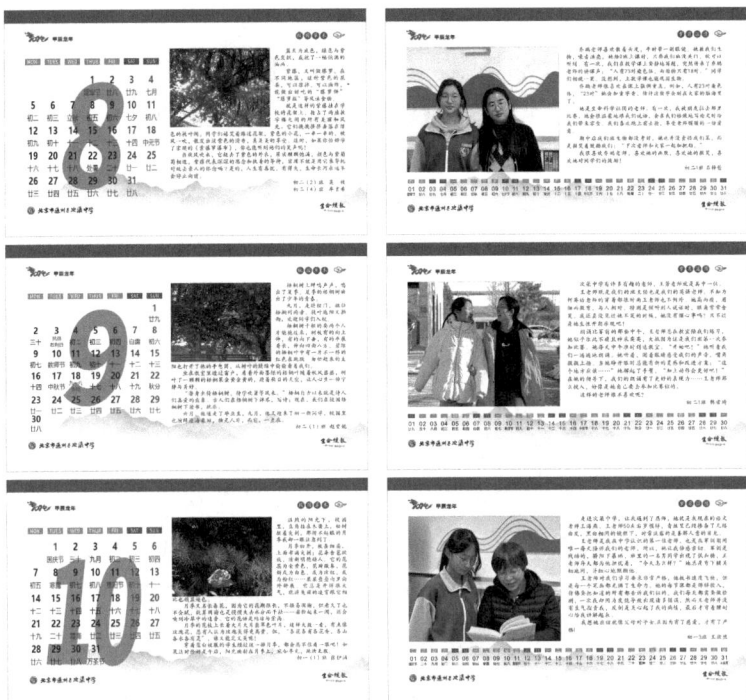

图 12　电子版台历定稿

【评价量规】

表6　电子版台历初稿评价量表

分享人		评价人		
评价对象	评价指标	评价标准	评分	修改建议
台历图文配合	图片是否与文案内容相符	能（9—10分） 基本能（6—8分） 不能（0分）		
台历图文样式、大小	图文格式、大小是否合适	能（9—10分） 基本能（6—8分） 不能（2—5分）		
台历色彩、布局	整体色彩是否美观，图文位置是否合适	能（9—10分） 基本能（6—8分） 不能（2—5分）		
电子版台历总评	台历是否清晰，能否承担台历的功能	能（9—10分） 基本能（6—8分） 不能（2—5分）		
指导教师建议				

【设计意图】

通过设计电子台历的版面，提升学生审美能力、电脑或平板等电子设备的使用能力。引导学生利用电子设备辅助学习，让学生对电子设备的功效产生更加深远的认识。

（六）项目反思（持续时间：1周）

撰写项目反思

【学生活动】

学生可以针对项目推进过程中的某一环节，也可以就整体谈收获和反思。

【阶段成果与评价载体】

学生的反思文字。

学生1：在阅读《人间草木》的过程中，我最喜欢的文章是《食豆饮水斋闲笔》，普普通通的豆子，作者寻根溯源探究历史，细致入微讲解做法，整篇文章都是豆子的味道。让我在字里行间感受到文字的力量。

学生2：文案创作的过程很艰难，一开始我们不会创作。我们通过小组讨论、互相点拨，确定了大致方向。之后，通过交流分享，让我知道了人外有人、天外有天。我按照同学们和老师的评价建议认真修改了自己的文案，改好后，我发现自己也能写出如此简洁而优美的文字，我为自己感到骄傲。

学生3：在本次项目活动中，我们完成了台历的制作，看到成果的那一刻，自豪感油然而生。在制作的过程中，我们虽然遇到了一些困难，比如在文案创作中，不能很好地抓住老师的特点，文字啰唆，没有中心，但经过小组间的讨论交流以及同学们与老师给予的精准评价，让我们很好地完成了文案的修改。

六、总结反思

历时近两个月，"校园草木，岁月温情——跟汪曾祺学写作"特色台历制作项目，终于圆满落幕。在开展这次项目之前，作为指导教师的我，并未有过相关的指导经验。为了能够更好地开展项目式学习，我们边学边做，不断学习，虽然顺利完成了项目，但这一过程中也有着许多不足和失误。

在项目设计之初，对于项目式学习的理解，还只是望文生义。只是隐约觉得"项目"应该是要设计制作一项实物。因此，结合语文学科的特性，我们确定了制作台历的项目主体。但经过学习，我们发现项目式还可以有更多的可能，例如撰写研究论文、撰写百度词条、制作一次公众号，等等。对于项目式学习的理解越发深入，项目设计的思路也逐步拓宽。除此之外，我们在项目开始前，没有正确认识到项目式学习中教师的作用，在第一次活动中，没有突出学生的主体地位。通过学习，我们意识到，项目式学习中，要让学生充分发挥自主意识，而教师要在确定了项目主体之后，把每一次的活动流程、活动内容、开展活动的资料为学生准备好，让学生根据相关活动手册，自主完成活动任务。因此，在之后的活动中，我们为学生设计了阶段性活动任务说明书，帮助学生自主完成活动任务。

当然，这次项目也有许多亮点，让师生从中收获了许多有益的启示。这次的项目式学习，立足课程标准，落实学科核心素养。结合语文、美术、信息技术课程，选择学科交叉点，选择身边常见事物，设置项目主题，按照循序渐进的思路，制订项目实施的计划。学科素养呈现螺旋上升趋势，指向学生思维和核心素养的提升。

在学习中，我们采取独立自主与小组合作相结合的方式开展活动。既提升了学生的独立思考能力，又集思广益、取长补短发散学生思维。同时，在活动中，以真实的情境任务为指引，最终将学生的成果，转化为台历实物，激发了同学们的热情，让他们更加直观地感受到学科学习的实用价值。

我是小小粉刷匠

——校园看台粉刷设计

项目名称	我是小小粉刷匠 —— 校园看台粉刷设计
核心驱动问题	如何粉刷设计校园看台
项目时长	25 天
开展年级	初一、初二年级
涉及学科	数学、美术、化学、音乐
项目最终成果	校园看台粉刷设计图
案例作者	李瑜敏、李华、可志跃

一、项目介绍

本项目是"我是小小粉刷匠 —— 校园看台粉刷设计"，整个项目将学生课本学习的数学、美术、化学、音乐等学科知识运用到实际问题的解决中，提高学生的学科核心素养的同时，让学生在实际动手活动中深刻意识到知识源于生活而运用于生活，体验和学习社会主义核心价值观，如爱国、敬业、诚信、友善等。本项目在教师引导下，学生通过小组合作进行看台三视图绘画、颜料选材、涂鸦设计、歌曲改编等团队活动，在深度参与活动中，提高学生的实际问题解决能力、团队合作能力以及审美能力，同时进一步加深学生对学校的热爱，提高学生的社会责任感与主人翁意识，在实践中培养对中华文化的认同和尊重，特别是运河文化的独特价值。

二、学情分析

本项目开展前对学生的储备知识与能力，以问卷、课堂检测等形式进行了数据统计分析。发现参与项目的初一、初二年级学生中数学数据分析能力较好的占 40%，有 10% 的学生对于如何进行数据的收集、整理不是很了解；绘画能力较强的占 30%，绝大多数学生对于绘画有浓烈的兴趣；音乐作词作曲兴趣较浓的占 20%；化学材料有一定研究的占 5%，绝大部分同学对于化学学科了解较少。此外，本项目学生的小组合作能力和沟通能力较好，但自主组织完成任务的能力较为薄弱，需要老师的前期引导，并通过访谈调查学生对运河文化的认知和兴趣，在项目中更好地融入。

三、项目目标

表 1　项目目标量化表

涉及学科	学科核心素养	学业发展目标	项目目标
数学	会用数学眼光观察现实世界 会用数学的思维思考现实世界 会用数学语言表达现实世界	关注社会生活中与数学相关的信息，主动参与数学活动；在解决数学问题的过程中，能够克服困难，树立学好数学的信心，感受数学在实际生活中的应用，体会数学的价值。	1. 经历绘制看台三视图，提高学生的空间想象能力。 2. 通过数据的收集、整理，掌握数据的收集、整理、分析能力。 3. 通过颜料的成分检测，提高化学成分的分析与应用能力。 4. 在绘制校园看台设计图过程中，提高学生的绘画能力与动手操作能力。 5. 在歌曲作词过程中，提高学生的音乐审美与鉴赏力。
化学	化学观念、科学思维、科学探究与实践、科学态度与责任	化学观念是人类探索物质的组成与结构、性质与应用、化学反应及其规律所形成的基本观念，是化学概念、原理和规律的提炼与升华，是认识物质及其变化，以及解决实际问题的基础。 科学探究与实践是基于学科和跨学科实践活动形成的学习能力，是综合运用化学等学科的知识和方法，通过一定的技术手段，在解决真实情境问题和完成综合实践活动中展现的能力与品格。	
美术	感知发现体验和欣赏艺术美、自然美、生活美、社会美，提升审美感知能力	感知发现体验和欣赏艺术美、自然美、生活美、社会美，提升审美感知能力。	
音乐	审美感知、艺术表现、创意实践、文化理解	音乐的核心理念是以美育人，重视艺术体验，同时也是突出了课程的综合实践。同时，音乐的核心素养内涵是课程育人价值的集中体现，是学生通过课程学习逐步形成的适应个人终身发展和社会发展需要的正确价值观、必备品格和关键能力。	

四、分解驱动问题

表 2 驱动问题分解表

核心驱动问题	项目成果		
如何粉刷设计校园看台	校园看台粉刷设计图		
分解驱动问题	项目活动	评价载体	评价方式
绘制校园看台三视图	以小组为单位进行校园看台三视图的绘画	绘制校园看台三视图	以小组为单位进行校园看台三视图的展示，并交流评价进行完善
校园看台表面测量	以小组为单位进行看台表面数据测量收集、整理	校园看台表面数据	以小组为单位进行看台数据的整理汇报
颜料选材	通过对网络、实体店的颜料进行颜料成分检查、选择与对比	粉刷颜料的选取	粉刷颜料的安全性汇报展示
运河文化元素粉刷设计	研究运河文化的历史和艺术特点，探讨如何将这些元素融入看台设计中。	交流汇报	运河文化的汇报展示
校园看台表面绘画设计	合作交流进行校园看台表面绘画制作	校园看台表面的绘画工作	绘画图纸展示

五、项目式学习实施过程与评价方案

（一）入项活动（持续时间：1 节课）

校园看台参观与交流，项目启动歌曲制作。

【学生活动】

教师带领学生参观校园看台并交流看台的结构与外形。回到教室后合作交流进行"我是小小粉刷匠"填词。

【设计意图】

通过教师带领学生认真参观学校的看台，学生进一步了解看台的结构与外形，为后续看台设计做好准备。回到教室后，学生在老师的带领下合作完成歌曲填词活动，为项目的启动增添乐趣，提高学生的团队合作意识与凝聚力。

（二）分解驱动问题 1（持续时间：3 天）

绘制校园看台三视图

【学生活动】

以小组为单位分工进行校园看台平面三视图的绘画。

【阶段成果与评价载体】

学生以小组为单位展示本组绘画的看台三视图。

【评价量规】

各小组及老师参与投票，选出最优看台三视图，并将图片打印分发给每位学生。

【设计意图】

通过绘制看台三视图为后续的绘画设计、颜料的用量等做好准备。

（三）分解驱动问题2（持续时间：5天）

校园看台表面测量

【学生活动】

以小组为单位分工进行校园看台表面的数据测量、收集与整理。

【阶段成果与评价载体】

学生以小组为单位进行本组看台测量数据分享，并求出看台表面积。

【评价量规】

各小组核对测量数据的准确性，并对数据进行最后的校准工作。

【设计意图】

通过进行看台数据的收集、整理与校准，测量出看台表面的总面积，为后续颜料用量做估计。

（四）分解驱动问题3（持续时间：5天）

颜料的选材

【学生活动】

从网店、实体店收集各种不同品牌的颜料。

化学老师带领进行颜料成分的检测，查看是否为合格、安全的颜料。

确定粉刷所需要的颜料品种。

【阶段成果与评价载体】

通过化学成分的检测，确定粉刷需要的颜料品种。

【评价量规】

化学老师带领进行颜料的成分检测与选取。

【设计意图】

通过颜料的收集、成分检测、确定品种的过程，提高学生的实际生活能力，购买物品的判断能力。同时提高学生对化学学习的热情。

（五）分解驱动问题 4（持续时间 5 天）

运河文化元素粉刷设计

【学生活动】

运河文化研究：学生参观附近的运河，了解运河的历史、文化和艺术价值。

运河元素设计：学生将运河文化元素，如船只、桥梁、水波等，融入看台设计中。

文化传承讨论：在项目反思阶段，讨论如何通过看台设计传承和弘扬运河文化。

【阶段成果与评价载体】

学生以小组为单位，汇报展示运河文化的学习成果，以及将运河文化融入粉刷设计的思路与稿图。

【评价量规】

学生投票选取、融合交流，完成最终的运河文化设计元素。

【设计意图】

通过了解和体验运河文化，增强学生对中华优秀传统文化的认同感和传承意识，培养对中华文化的认同和尊重，特别是运河文化的独特价值。

（六）分解驱动问题 5（持续时间：6 天）

校园看台表面绘画设计

【学生活动】

学生根据上述材料的积累，进行校园看台表面的绘画设计。设计具体要求如下：

学生根据三视图、各项数据绘制出看台表面立体图；

以小组为单位进行看台表面的图画设计；

根据看台表面积计算各种颜料的实用量，并标注在图中。

【阶段成果与评价载体】

以小组为单位进行校园看台表面绘制图展示，师生共同投票评选出最优设计组。

【评价量规】

师生共同投票评选出最优设计组

【设计意图】

根据上述材料的收集与整理绘制出最终的校园看台设计图，提高学生的合作交往能力与问题整合分析能力。

（七）成果展示（持续时间：6天）

校园看台表面绘画设计展示

【学生活动】

汇报展示校园看台粉刷设计的内容，具体包括：颜料选取、设计稿图与具体的粉刷数据分析，为后续粉刷做准备。

【阶段成果与评价载体】

完成看台粉刷设计的项目成果汇报。

【评价量规】

粉刷设计可行性评估

【设计意图】

经历完整的项目设计汇报，进一步提高学生的问题解决能力团队合作能力与知识运用能力，在实践中提高学生的核心素养。

（八）项目反思（持续时间：3天）

回顾整理

【学生活动】

回顾整理本项目的整个活动过程，梳理出现的问题与解决办法

时间	活动	活动具体内容	出现的问题	解决办法

【阶段成果与评价载体】

梳理分析出本项目的各个环节。

对各项环节出现的问题、解决办法进行总结。

书写参与此项目的心得体会。

【评价量规】

小组长收集本组的回顾反思内容，教师进行最终的整理与反思。

【设计意图】

通过学生之间的交流与反思，在回顾本项目中出现的问题同时，提高学生的独立思考能力与解决问题能力。

六、总结反思

（一）项目活动与实际生活联系紧密

本项目进行校园看台粉刷设计，贴近学生的日常生活。整个过程设计到绘画、颜料选择、经费等各项因素，与实际生活中的粉刷设计有着密切的联系。美化校园的同时，提高学生的生活经验，也让学生深刻意识到所学知识在实际生活中起着非常重要的作用。

（二）文化认同的反思

在项目中，学生通过深入了解和体验运河文化，不仅学习到了运河的历史背景、发展过程及其在社会经济发展中的作用，还通过实地考察、资料研究和创意设计，将运河文化的独特元素融入到校园看台的粉刷设计中。这种跨学科的实践活动，使学生对运河文化有了更深刻的认识和感受，从而增强了他们对中华优秀传统文化的认同感和自豪感。

（三）价值观的实践

在项目实施过程中，社会主义核心价值观的实践贯穿于每一个环节，从团队合作到问题解决、从创意设计到文化传承，学生在实践中不断体验和体现这些价值观。通过了解运河文化在国家历史发展中的重要地位，学生增强了对国家的认同感和归属感，激发了爱国情怀。

在项目中，学生认真对待每一个设计细节，追求卓越，体现了敬业精神。在颜料选材和成分检测环节，学生诚实地记录数据，负责任地选择安全环保的颜料，展现了诚信和责任感。

（四）项目活动中体现学生自主性

本活动根据前期的学情调查，根据学生的能力特点进行异质分组，将主动权交到学生手中，提高学生的自主学习能力与合作交流能力。促进学生主动思考、主动探索、主动学习。

（五）项目活动中存在的不足

本项目参与学生为初一、初二年级学生，学生的知识储备有限，因此在进行颜料的检测等活动中，存在较为理想化的实验。

制作次渠中学校园文化宣传片

项目名称	制作次渠中学校园文化宣传片
核心驱动问题	如何制作一部特色鲜明的校园宣传片？
项目时长	25 天
开展年级	初二年级
涉及学科	语文、道德与法治、生物
项目最终成果	一部 10 分钟的特色校园宣传片
案例作者	王祎晴、刘丹、姜思源

一、项目介绍

校园宣传片是展示师生风采、诉说精神内核、展现校园环境及文化氛围的绝佳方式，是一种更高层次的追求与自我展现。我们将学习主题定为"制作次渠中学校园文化宣传片"，以语文、道德与法治、生物为学科基础，围绕本校校园文化宣传的主题，设置具体的实践活动情境，拓宽学科学习和运用场域，以活动任务引领，推动学生自主学习、合作探究，围绕语文学科学习、本校校园文化、社区地域文化特色等具体问题，开展阅读、梳理、探究、创作、展示等活动。学生在活动中深度学习，发展交流合作探究等实践能力，增强爱家乡、爱校园的责任意识，全面提升学生核心素养。

二、学情分析

根据 2022 年 10 月对我校初二年级 240 余名学生进行问卷调查发现：有78.36%的学生不知道学校 65 年来的变迁历程；有 19.59%的学生不知道次渠地

区的社会变革；有62.45%的学生不知道次渠中学名字由来；有62.44%的学生不知道次渠中学景物，如：竹林、海棠、银杏等所蕴含的精神内涵；有73.06%的学生无法通过新闻采访的内容和观点，准确判断出写作者的态度倾向；有8.57%的学生不知道开放式图书馆的作用以及如何借阅图书；有52.65%的学生不知道历届学生考学率；有58.78%的学生不知道学校历年教育教学工作中所取得的成绩；有80%的学生不知道学校获得的集体荣誉奖；有92.65%的学生不了解学校毕业的优秀校友的优秀事迹。

三、项目目标

表1 项目目标量化表

涉及学科	学科核心素养	学业发展目标	项目目标
语文	语言运用、思维能力、审美创造	熟悉新闻采访的一般方法和步骤，能自主确定报道题材，制定采访方案，草拟采访提纲，进行采访实践。	1.采访校领导、老师以及名校友的活动任务，能运用文本信息解决具体问题，在进行新闻采访时，应关注培养学生关注体裁特点、语言特色、态度倾向三个方面的能力。 2.创作《次渠中学赋》，需要学生有前面所提到的提取、归纳、概括信息的能力及一定的文言阅读积累。在创作文言作品时，应关注文言梳理、写作手法两个方面的内容。 3.在为《次渠中学学子之歌》乐谱填词，赞颂校园中的竹林、海棠、银杏的活动任务中，要求学生在欣赏文学作品时，有自己的情感体验，初步领悟作品的内涵，能对作品感人的情境和形象说出自己的体验。尝试写诗歌、歌词。能借鉴他人的经验调整自己的表达，能根据需要，运用积累的语言进行书面表达。
道德与法治	健全人格	具备正确的自我认知、积极的思想品质和健康的生活态度。	
生物	探究实践	探究实践是源于对自然界的好奇心、求知欲和现实需求，解决真实情境中的问题或完成实践项目的能力与品格。	

四、分解驱动问题

表2 驱动问题分解表

核心驱动问题	项目成果		
如何制作一部特色鲜明的校园宣传片？	一部10分钟的特色校园宣传片		
分解驱动问题	项目活动	评价载体	评价方式
一部优秀的校园宣传片的制作流程是什么？	组织学生赏析不同学校的校园宣传片，学习宣传片构成要素、创作方法。	①书写宣传片构成要素清单；②制定宣传片拍摄方案	①教师及时反馈；②评价表

如何为宣传片撰写解说词？	调查走访，分析资料。确定新闻采访的对象和内容。了解次渠中学的基本情况。	①确定宣传片采访对象和内容，完成采访提纲②书写宣传片提纲，梳理学校基本情况讲解词③撰写并完善解说词	评价表
如何高质量拍摄环境及人物的视频？	集体拍摄	景物、人物视频素材	评价表
如何利用剪辑方法完成宣传片制作？	集体讨论，成果总结	宣传片粗剪成品与最终成品	评价表

五、项目式学习实施过程与评价方案

（一）入项活动（持续时间：1 节课）

学习优秀的校园宣传片案例。

【学生活动】

学生观看活动宣传片，引入宣传片这一主题概念及背景知识，帮助学生把握宣传片的特点和项目主题，明确宣传片的构成要素，各要素的创作要点。

【设计意图】

源于学生实际生活的主题易于激发学生学习兴趣，提高学生的参与度与积极性。

（二）分解驱动问题 1（持续时间：6 天）

一部优秀的校园宣传片的制作流程是什么？

【学生活动】

在活动之初，学生团队明确共同愿景、制订计划，共同探讨并将任务分解为拍摄、采访、搜集文献资料、填词等方面。分解完成后，学生对自己的能力作出正确的评估，选择自愿承担的责任，以及必须要承担但非自愿选择的责任，制作分工表，明确任务不同所承担的责任不同，懂得面对责任要及时改变认知评价，做到不懈怠、不抱怨，从而提高价值判断和行为选择能力。

【确定任务小组】

表3 任务小组分工表

组名	主要职责	特长	人员数量
总策划组	制定全流程方案，预设问题的解决办法，统筹安排各小组任务。	策划	2
"人物采访"组	调研宣传片涉及的典型人物	沟通能力强	1
解说词创作组	为宣传片创作解说词	写作能力强	2
"歌、赋"创作组	为宣传片配乐	写作、音乐能力强	2
摄影、剪辑组	负责宣传片的场景拍摄和后期制作	计算机、动手能力强	2
后勤保障组	为拍摄活动做好后勤保障工作	执行能力、协调能力强	1

【阶段成果与评价载体】

校园宣传片创作计划

【评价量规】

表4 阶段成果评价量表

评价对象	评价指标	评价标准	评分	修改建议
主题	能否概括次渠中学的整体特征，体现次渠中学带给游览者的感受	能（9—10分）基本能（6—8分）不能（2—5分）		
景点	能否从各自的角度分别体现次渠中学的特征	能（9—10分）基本能（6—8分）不能（2—5分）		
景点配图及顺序	能否准确代表景点，顺序是否恰当	能（9—10分）基本能（6—8分）不能（2—5分）		
景点介绍语	能否从游览者角度，用生动有趣的语言把景点特色介绍给更多人	能（9—10分）基本能（6—8分）不能（2—5分）		
小组评价		教师评价		

【设计意图】

通过活动，学生知道承担责任需要不断提升自身的能力，理解在承担责任的过程中要无言代价与回报，懂得承担的过程也是自身不断获得成长的过程，力求以真实的活动给学生带来更加深刻的情感体验。

（三）分解驱动问题2（持续时间：7天）

如何为宣传片撰写解说词?

【学生活动】

1. 采访关键人物、为叙写解说词准备。

2. 以单元主题为核心，对所需要的文章、文献资料进行系统化整合，充分了解资料的基础上，激发爱家乡、爱校园的情感，学生最终创作《次渠中学赋》。

3. 从办学特色、办学理念、办学思路、管理体系、校园文化等各方面交错表达，多方面进行构思和表达，撰写解说词。要求：撰写解说词由以下几个方面构成：

（1）师资力量：将学校老师的教学研讨以及教书育人的场景进行场景展示。

（2）教育教学：各个教学研究室的教学成果。

（3）校园文化：学院发展中进行的各类活动，无论是以学生为主体的还是教职工娱乐性质活动一一展现，为的是将活泼的教育氛围表现出来。

（4）学风建设：表现学校的学习风气、学习氛围、学生考学等。

【阶段成果与评价载体】

校园宣传片解说词

【评价量规】

略

【设计意图】

与初中新课程标准要求相符合，同时也能弥补传统语文阅读教学的缺陷和不足，充分凸显学生的阅读主体地位。

（四）分解驱动问题3（持续时间：6天）

如何高质量拍摄环境及人物的视频？

【学生活动】拍摄采访视频和图片

具体要求：①真实：新闻图片必须是这一事件中真实的照片。②冲击：图片色彩明晰，画面有冲击力。③渲染：能烘托出新闻事件的现场气氛，有感染力。④动情：能抓住图片主体的表情特征，抒发主体心理情感。⑤聚焦：展示新闻最重要的事实或某个最凸显事件特点的特写。⑥文字：规范说明，描述画面中的事实等信息必须真实精确。

【阶段成果与评价载体】

"采访素材"，"校园景色素材"。

【评价量规】

略

【设计意图】

学生利用信息技术提升拍摄能力与动手实践能力。

（五）分解驱动问题 4（持续时间：6 天）

如何利用剪辑方法完成宣传片制作？

【学生活动】

对视频、图片等影像资料和相关学校发展等素材进行后期剪辑，结合相匹配的音乐素材和配音效果，三者相结合起来，将教育、科研、师资、人才培养等各方面，以及发展历程、人文精神完整展现。

【学生成果 / 评价载体】

视频

【设计意图】

通过对学校基础设施、校园环境等的拍摄，以及校园生活的演绎，反映出次渠中学的精神面貌和师生们积极向上的人生态度。

（六）成果展示（持续时间：6 天）

将拍摄好的宣传片放到楼道中的大屏幕播放。

【学生活动】

组内、组外学生观看成果，进行打分并提出反馈。

【阶段成果与评价载体】

观众收视效果调查报告或学生反馈汇总表。

【评价量规】

略

【设计意图】

通过活动，学生知道承担责任需要不断提升自身的能力，理解在承担责任的过程中要无言代价与回报，懂得承担的过程也是自身不断获得成长的过程，力求以真实的活动给学生带来更加深刻的情感体验。

（七）项目反思（持续时间：1 节课）

项目进行总结

【学生活动】

学生根据观众收视效果调查报告或学生反馈汇总表进行集体讨论与反思。

【阶段成果与评价载体】

个人或小组反思报告

【评价量规】

反思质量评价表

【设计意图】

通过反思，学生不断优化。

六、总结反思

在项目式学习过程中，教师角色从"演员"转变为"导演"，从旁指导、帮助，更多是让学生自己去探索、实践，给学生提供了更多的发挥空间和展示平台。学生思维品质得以提升，课堂参与热情也很高涨。教师在实践中加深了对项目化学习的认识，形成了教师团队的学习共同体。未来，立足素养导向和学生本位，我们将在项目式学习的道路上继续探索。

制作次渠中学校园低碳行动宣传展板

项目名称	制作次渠中学校园低碳行动宣传展板
核心驱动问题	如何制作面向全校师生的低碳行动宣传展板？
项目时长	40 天
开展年级	初三年级
涉及学科	化学、美术、道德与法治
项目最终成果	校园低碳行动宣传系列展板
案例作者	耿士林、罗四维、姜雪

一、项目介绍

　　校园低碳行动宣传展板是通过展示生动的图画、明确的数据和有效的行动指南，帮助全校师生理解碳中和、低碳行动的意义，并促进低碳校园生活氛围的形成。我们将学习主题定为"制作次渠中学校园低碳行动宣传展板"，以化学、美术、道德与法治为学科基础，围绕本校碳消耗和排放实际情况，设置具体的实践活动情境，融合涉及学科的特色，以活动任务引领，推动学生自主学习和合作探究，围绕化学学科学习、低碳政策学习和展板美术设计等具体问题，开展学习、调查、梳理、研讨、设计、展示等活动。学生在活动中能掌握诸多化学观念、政策动态和美学理念，逐步形成各学科融合促进社会低碳可持续发展的正确认识，以及理解应承担的使命责任。

二、学情分析

根据 2022 年 12 月对我校初三年级 250 余名学生进行问卷调查发现：有 65.42% 的学生不清楚校园生活中如何降低碳消耗和排放；有 89.57% 的学生不清楚节约用水、用电等行为对降低碳消耗和排放的影响程度；有 42.83% 的学生不了解低碳行动最新政策，可见通过开展本项目学习并制作展板普及低碳生活理念的重要意义。

我校长期开展丰富的课后服务活动，学生具有一定的合作和组织能力，且本项目以学习、调查、研讨和制作为主，不涉及相关安全问题，可以顺利开展。在项目开展过程中，教师要结合进度对学生的阶段成果进行指导和建议，明确每一步的开展方向，并协调好三个学科的教师进行理论和设计指导，确保成果质量。

三、项目目标

表 1 项目目标量化表

涉及学科	学科核心素养	学业发展目标	项目目标
化学	科学探究与实践、科学态度与责任	通过网络调查等技术手段获取和加工信息的自主学习能力，参与社会调查实践、提出解决实际问题初步方案的能力，形成节约资源、保护环境的习惯，树立生态文明的理念，体现新时代少年的科学探究态度。	1.学习基本的化学、道德与法治和美术知识，结合优秀的低碳环保展板案例，进行项目设计和分组，提升统筹和合作能力。 2.结合政策导向和相关化学原理，认识碳排放对自然界和人类社会可持续发展的重要作用，提高责任意识。 3.通过调查实践和理论计算相结合的方式，体会做科学的真实过程，解决实际问题，提升科学素养。 4.设计展板内容，体验设计美学，增强跨学科实践的意识与能力，实现全面发展。
美术	创意实践	了解"设计满足实用功能与审美价值，传递社会责任"的设计原则，能为学校的学习与生活需求设计作品，形成设计意识，增强社会责任感。	
道德与法治	责任意识	具有为人民服务的精神，热爱自然，践行绿色生活方式。提升对自己、家庭、集体、社会、国家和人类的责任感，增强担当精神和参与能力。	

四、分解驱动问题

表2 驱动问题分解表

核心驱动问题	项目成果		
如何制作面向全校师生的低碳行动宣传展板？	校园低碳行动宣传系列展板		
分解驱动问题	项目活动	评价载体	评价方式
制作具有我校特色的低碳宣传系列展板的流程是怎样的？	组织学生观看优秀的低碳宣传展板案例，设计制作方案。	1. 分解要素 2. 制订方案	评价表
如何进行政策的整理？	通过网络检索等方式梳理政策相关内容。	1. 背景学习 2. 归纳政策	1. 教师指导 2. 评价表
如何进行校园碳排放情况的调查？	在校园中走访，确定碳排放源，并收集数据进行碳值计算。	1. 实地调查 2. 数据测算	1. 教师指导 2. 评价表
如何提出校园低碳行动建议？	结合数据，确定低碳行动方向，并进行效果预估。	1. 研讨方案 2. 数据估效	1. 教师指导 2. 评价表
如何制作生动且美观的校园低碳行动系列展板？	对各组数据进行整合、排版和背景设计，并完成制作。	1. 主题分块 2. 美术创作	1. 教师指导 2. 评价表

五、项目式学习实施过程与评价方案

（一）入项活动（持续时间：1 节课）

学习优秀的低碳宣传展板案例

【学生活动】

学生观看低碳宣传展板，了解自然界中的碳循环及二氧化碳的产生和性质等基本知识，理解低碳生活对社会可持续发展的重要意义，同时体会宣传展板中的设计美学，拆解宣传展板的构成要素。

【设计意图】

用优秀的案例帮助学生掌握必要的背景知识，激发学生学习兴趣，为后面结合我校实际进行展板设计的活动做好铺垫。

（二）分解驱动问题 1（持续时间：2 天）

制作具有我校特色的低碳宣传系列展板的流程是怎样的？

【学生活动】

在活动之初，学生结合第一节课的学习体会，制订计划并将制作任务分解为整理低碳政策、展开校园调研、进行碳值测算、探讨减碳方案和组织美术设计几方面。学生结合自身特长进行分工合作，充分发挥自身的主观能动性，积极参与到活动中去。

表3　学生分组情况

组名	职责	特长	人员数量
决策组	统筹各小组任务，推进项目顺利进行	策划和协调能力	1
政策整理组	梳理最新的低碳减排政策	信息检索能力	2
校园调查组	调查学校的用水、用电、饭菜浪费和垃圾回收等情况	观察和沟通能力	2
碳值测算组	结合学校实际情况，进行碳排放测算	理解和计算能力	1
方案研制组	整合各项资源情况，探讨适用于学校师生的低碳行动建议	评价和反思能力	1
美术设计组	进行展板设计和制作	美术能力	2

【阶段成果与评价载体】

校园低碳行动宣传展板制作计划

【设计意图】

通过活动，学生能够结合实际情况制订计划，开展自主活动，与他人合作、分享、评价、反思、改进和开展活动方案，提高实践能力的同时树立起担当意识。

（三）分解驱动问题2（持续时间：5天）

如何进行政策的整理？

【学生活动】

1. 在网络和书刊上查找我国节约减排的相关政策，梳理政策的推出和发展过程。

2. 形成政策整合的初步稿件。

3. 请专门负责化学和道德与法治科目的老师对初稿进行审阅和建议。

4. 修改稿件并提交给美术设计组。

【阶段成果与评价载体】

《我国低碳政策的制定与发展》稿件

【评价量规】

表4 评价量规表

评价指标	小组评价			教师评价		
	合格	良好	优秀	合格	良好	优秀
1.能指出政策中的碳所指代的具体含义						
2.能展示自然界中碳循环的重要意义						
3.能展现我国低碳政策提出的时代背景						
4.能体现我国低碳政策制定的发展历程						
5.能突显我国低碳政策推出的社会意义						
教师建议						

【设计意图】

通过资料的检索和教师的咨询，学生能够明确低碳行动的背景和意义，做到加深理论基础的同时提升责任意识。

（四）分解驱动问题3（持续时间：10天）

如何进行校园碳排放情况的调查？

【学生活动】

1.自主学习碳排放产生的原因，锁定学校碳排放的源头。

2.调查校园中用水、用电、食品浪费和垃圾分类等情况。

3.汇总调查形成的碳排放情况和基础数据，提交给碳值测算组进行理论测算。

4.将所有调查和测算数据交化学老师审阅。

5.结合老师的建议，修正相关内容，并提交给方案研制组和美术设计组。

【阶段成果与评价载体】

《我校碳排放情况统计》报告

【评价量规】

表 5　评价量规表

评价指标	小组评价			教师评价		
	合格	良好	优秀	合格	良好	优秀
1. 能准确找到我校碳排放的诸多源头						
2. 能结合数据展示我校碳排放的情况						
3. 能将事实数据转化成相应的图表						
教师建议						

【设计意图】

通过实地调查、汇总、计算和呈现，体会科学探究的过程，并形成证据意识。

（五）分解驱动问题 4（持续时间：5 天）

如何提出校园低碳行动建议？

【学生活动】

1. 查阅资料，自主学习现行的诸多降低碳排放方案。

2. 结合校园调查组和碳值计算组提供的报告，研讨适用于本校的减碳建议。

3. 形成初步方案，提交化学老师进行审阅。

4. 将方案修改后，交由碳值计算组，估算实施方案后的碳减排量。

5. 将最终方案提交美术设计组。

【阶段成果与评价载体】

《我校低碳行动实施建议》方案

【评价量规】

表 6　评价量规表

评价指标	小组评价			教师评价		
	合格	良好	优秀	合格	良好	优秀
1. 能结合数据提出可行的减碳方案						
2. 能预估方案实施的成效						
3. 能结合数据呈现所提出方案的效果						
教师建议						

【设计意图】

通过数据分析，学生能够制订出行之有效的降低碳排放的方案，并对所提出的方案能够做出评估，学会如何做出决策从而解决现实问题。

（六）分解驱动问题5（持续时间：10天）

如何制作生动且美观的校园低碳行动系列展板？

【学生活动】

1.结合各组提供的材料，按照政策导向、碳值呈现、行动建议三个主题安排好展板的内容分布。

2.选取相应的插图或卡通形象进行背景的美术设计和创作，形成展板草稿。

3.将草稿提交美术老师进行艺术指导。

4.修改展板内容排布和背景美术，形成展板终稿。

5.进行系列展板的制作。

【阶段成果与评价载体】

《校园低碳行动展板》稿图

【评价量规】

表7 评价量规表

评价指标	小组评价			教师评价		
	合格	良好	优秀	合格	良好	优秀
1.能呈现分明的主题内容						
2.能排版内容精美的文字和图表						
3.能用美观、契合的插图和背景衬托内容						
教师建议						

【设计意图】

通过结合各组的成果，学生用艺术的方式将所有的研究呈现出来，提升宣传效果，实现学科与学科之间的结合。

（七）成果展示（持续时间：5天）

将制作好的展板放入校园的宣传橱窗中展览。

【师生活动】

全校师生观看成果。

【设计意图】

通过展示活动对全校师生进行低碳生活的推广和指导，将可持续发展的种子种在每一位校友的心中。

（八）项目反思（持续时间：3 天）

进行项目总结

【学生活动】

小组成员对观看的师生进行问卷调查，了解宣传效果。

【阶段成果与评价载体】

宣传效果调查问卷

【评价量规】

表 8　评价量规表

评价指标	学生评价		教师评价	
	能	不能	能	不能
1. 能了解碳循环对环境的重要意义				
2. 能领会低碳行动政策的背景和精神				
3. 能知道我校的主要碳排放源头				
4. 能知道从哪些方面入手实现低碳校园				
5. 能从我做起降低校园的碳排放				
教师建议				

【设计意图】

通过分析调查问卷结果，学生对项目进行进一步改进和优化。

六、总结反思

本项目的亮点为学生自主探究和实践的环节非常充分，教师主要的任务就是进行各项环节的指导和答疑解惑，充分调动了学生的主观能动性。整个项目的实施过程不仅能够使组内同学加深对各科知识的学习、理解和运用，最终成果还可以作为面向全校师生的宣传资源，起到了由己及人的辐射作用，实现人的全面发展。

飞向太空的诗集

——基于项目式学习的初中实践活动案例设计

项目名称	飞向太空的诗集——基于项目式学习的初中实践活动案例设计
核心驱动问题	如何提升学生联想和想象的能力
项目时长	一学期
开展年级	初一年级
涉及学科	语文、美术、道德与法治
项目最终成果	一本诗集,名为《飞向太空的诗集》
案例作者	邓芳芳、张雯、高东艳

一、项目介绍

神舟十七号载人飞船成功发射是中国航天事业的新里程碑,《飞向太空的诗集》是我们想要送给宇航员的礼物。这一项目以语文、美术、道德与法治为学科基础,围绕致敬宇航员的人文主题,设置具体的实践活动情境,拓宽学科学习和运用场域,以活动任务引领,推动学生自主学习、合作探究,围绕语文学科学习、美术中封面和插图绘制、道德与法治中航空航天精神理解等具体问题,开展阅读、梳理、探究、创作、展示等活动。学生在活动中深度学习,发展合作探究等实践能力,提升学生联想和想象能力、语言表达能力,增强热爱祖国、热爱人民的责任意识,全面提升学生核心素养。

二、学情分析

根据 2023 年 9 月对我校初一年级学生进行纸笔测验，发现学生表现出的联想和想象能力严重匮乏。文字或平铺直叙，或空洞无物，不能很好地观察自然万物，并与自己产生联系，写作状态堪忧。为有效激发学生的写作兴趣，决定开展本项目，先以"创作小诗"作为切入点，引导学生亲近诗歌、感悟生活的美，获得审美和思维的提升。基于上述学情，在义务教育新课标的指引下，我们将学习主题定为"制作《飞向太空的诗集》"。

在学习主题确定之后，为了解学生项目参与经验，我们对项目组成员进行访谈，梳理结果发现：学生来自初一年级七个班和初二年级，对于这一项目很感兴趣。他们具备一定的小组合作能力，但组织能力和项目组织经验不足，需要教师在开展活动初期进行指导，并根据学生的意愿和能力水平进行分组，方便后续项目活动的开展。

三、项目目标

表 1　项目目标量化表

涉及学科	学科核心素养	学业发展目标	项目目标
语文	语言运用 审美创造	1. 欣赏文学作品，能对作品中感人的情境和形象说出自己的体验，品味作品中富于表现力的语言。 2. 写作时考虑不同的目的和对象。运用联想和想象，丰富表达的内容。尝试诗歌的写作。	1. 立足课标，落实学科核心素养。 在课标中有"关心社会文化生活，积极参与和组织校园、社区等文化活动，发展交流、合作、探究等实践能力，增强社会责任意识"的论述，在项目式学习中，学生将在活动的过程中提升能力，落实学科核心素养。 2. 综合运用各学科知识，进行有意义的学习。 实施过程遵循"确定研究主题，提出本质问题，设计系列探究活动，解决学生真实问题"的研究思路，将"如何提升学生联想和想象的能力"的核心问题转化为"编辑《飞向太空的诗集》"的实践活动。学生综合运用语文、美术、道德与法治知识，进行有意义的学习。
美术	审美感知 创意实践	1. 审美感知是对自然世界、社会生活和艺术作品中美的特征、意义、作用的发现、感受、认识和反应能力。 2. 创意实践是综合运用多学科知识，紧密联系现实生活，进行艺术创新和实际应用的能力。	
道德与法治	政治认同 责任意识	1. 热爱伟大祖国，热爱中华民族，自觉铸牢中华民族共同体意识，以实现中华民族伟大复兴为己任。 2. 树立主人翁意识，提升对集体、社会、国家和人类的责任感，增强担当精神和参与能力。	

四、分解驱动问题

表 2　驱动问题分解表

核心驱动问题	项目成果		
如何提升学生联想和想象的能力	制作完成《飞向太空的诗集》		
分解驱动问题	项目活动	评价载体	评价方式
一本诗集应当包括几部分内容？	组织学生在语文阅读教室进行诗集浏览，讨论出诗集板块。根据学生意愿和特长确定分组。	书写诗集构成要素清单确定小组成员名单	教师及时反馈
如何编排诗集上编部分？	学习《天上的街市》，继续精选、品析名家选篇，形成诗集的上编部分。	每位成员选择一首名家作品，撰写并完善赏析。	个人评价表
尝试创作一首小诗	运用所学的诗歌中的写作方法，选择一种天体，创作一首小诗。	创作一首小诗，赞颂宇宙中的太阳、月亮、星星等，表达对探索太空、探索宇宙的认可。	教师指导
如何制作诗集下编部分？	互评互改，按照一定逻辑顺序将学生作品合理编排，形成诗集的下编部分。	完成诗集下编部分电子版初稿	小组评价表
封面和插图应当如何设计？	设计封面、插图等，最终完成《飞向太空的诗集》。	完成封面设计完成插图设计	评价表

五、项目式学习实施过程与评价方案

（一）入项活动（持续时间：第 1 周）

学习优秀的诗集案例，推荐书目：《繁星·春水》《泰戈尔诗集》《给孩子的诗》《海桑诗集全三册》《海子的诗》等。学生根据现有知识水平以及手中的相关文献，比如期刊报纸、文学名著等，或者借助网络找寻与诗歌相关的文化常识、文学鉴赏、诗歌写作等相关知识，并在课堂上积极讨论，为后续的项目推进积累知识，打好基础。

【学生活动】

组织学生在语文阅读教室进行诗集浏览，讨论出诗集板块。根据学生意愿和特长确定分组。

最终确定封面封底设计组、插图设计组、诗歌选编组、诗歌创作组、审核校对组 5 个组别。

表3　小组任务分配表

组名	主要职责	特长	人员数量
封面封底设计组	根据诗歌内容设计封面封底	绘画	2
插图设计组	根据诗歌内容设计插图	绘画	2
诗歌选编组	选择合适的名家作品并进行赏析	文学鉴赏	3
诗歌创作组	选择一种天体，并进行诗歌创作	文学创作	4
审核校对组	对提交作品进行校对审核	细致，观察力较强	2

【设计意图】

激发学生学习兴趣，提高学生的参与度与积极性。

（二）分解驱动问题1（持续时间：3周）

如何编排诗集上编部分？

【学生活动】

学习《天上的街市》，继续精选、品析名家选篇，形成诗集的上编部分。

【阶段成果与评价载体】

任务：

1. 准备一本诗集，一个笔记本。

2. 摘录一首最喜欢的现代诗，并写100字的赏析。（笔记本）

阶段成果如下：

　　《仰望星空》

　　赏析：志存高远，做一个有理想、有追求的人。一个民族有一些关注天空的人，他们才有希望；一个民族只是关心脚下的事情，那是没有未来的。我们的民族是大有希望的民族，我们要做关心世界和国家命运的人。（初一7班　王博涵）

　　《天上的街市》

　　赏析："远远的街灯明了"，"天上的明星现了"，诗人一下子就把我们的注意力从地上带到了闪着无数明星的夜空。地上有星一样的灯，天上有灯一样的星，诗人通过互喻，将天与地连成一体。想象的新奇，意境的优美，是这首诗的特色。（初一2班　王震）

　　《太阳的话》

　　赏析：这是诗人到延安以后写的，写作时间是1942年1月。诗歌格调清新，情绪欢快，充满了阳光、鲜花、温暖，读后让人感到：这是光明在召唤。在黑暗的旧中国，人们听到这样光明的召唤，很能鼓舞人心。（初一1班　左芮）

《生活是多么广阔》

赏析：此诗所歌唱的生活，是战斗者的生活、建设者的生活，通过战斗和建设，就能得到欢乐和收获。诗人召唤人们努力工作来实现自己的理想。诗中以一连串的排比句，抒写了自己对新生活的赞美。（初一6班　马锦坤）

《我为少男少女们歌唱》

赏析：这首诗以明快的思想鼓舞人，以炽烈的感情感动人，以优美的语言吸引人。这首诗保持了诗人前期诗作中的丰富想象和生动描写的特色，同时又有新的创造和发展。现代诗人沙鸥：诗是写给少男少女的，但真正的主体是"我"。通过全诗，读者看到了诗人鲜明的形象，听到了他深情的歌喉。他是如此真诚，又是如此激动地在歌唱。诗人把他的一片赤忱之心捧给了我们。（初一1班　张洁）

《晨兴》

赏析：诗人早起后，面对晨光有所感触，自然而然吟诵出这几句诗来。短短四句，既绘出了清晨的天空特有的景色，也写出了诗人不能宁静的心情。诗中用"洗着"来比喻阳光的照耀，用"残梦"来比喻清晨的月，既贴切又富有诗意。（初一1班　周芮菡）

《夏夜的星空》

赏析：作者通过诗句表达了思念之情。通过夏夜、星空的意象营造出美丽的画面。（初一6班　曹皓翔）

《星星变奏曲》

赏析：这首抒情诗以"星星"象征光明，即诗意、春天、温暖、希望和自由等生活中最美好的东西，但诗中的"星星"又有其特定的情境和意味，即它所显现的不是阳光普照的光明，而是茫茫黑夜中闪现的点点光明，寄托了诗人在现实中执着追求的理想。

全诗由两个基本对称的诗节组成，每一节十六行，都以"如果……"的假设句起头，具有一气呵成的气势。整首诗都以"星星"为主要意象并以假设为前提来抒情写意，展示现实与理想的背离，显示诗人对光明的渴求。

在艺术上，它也总是借助一些物象来暗示或间接地表现经验。譬如，用星星、诗、蜜蜂、萤火虫、睡莲、春天、鸟、白丁香等来象征光明美好的理想世界，而用夜、冰雪、冻僵的夜晚、僵硬的土地、被风吹落的星星等来代表黑暗冰冷的现实世界等，这使得这首诗含蓄朦胧，意境优美。这种表现方式，和我国古代的诗词非常相像。（初一6班　王博涵、马锦坤）

【评价量规】

表4　"诗歌赏析"作品评价表

要素	评价分值	具体要求	得分
意象	5	能找准意象进行分析	
情感	5	情感理解准确、具体	
语言	5	撰写赏析文字，语言表达流畅自然	
创新	5	能抓住诗歌某一方面的特点进行赏析，写出自己真实的感受和思考	

【设计意图】

引导学生通过阅读表现人与自然的优秀文学作品，"体会作者通过语言和形象构建的艺术世界，借鉴其中的写作手法"。

（三）分解驱动问题2（持续时间：3周）

尝试创作一首小诗

【学生活动】

选择一种天体，创作一首小诗，需要学生有前面所提到的提取意象、归纳方法、尝试创作的能力及一定的阅读积累。

【阶段成果与评价载体】

宙，飘荡

初一（5）班　刘思璐

无边，无影，无际。

有如我们的希望，

灿烂、通透。

闭上眼，

给予我们祝福。

带着深沉的心，
穿着奇特的盔甲，
漫长、无尽的路，
值得探索。
在非科学的世界中漫步，
眼中，是未来。

星河

初一（2）班　王震

天上的星星闪烁着，
好像数不清的微光游动。
天上的月亮明亮着，
照耀着星辰大地。
我抬头望向空中，
好似有无数的斑点照耀星空。
看，那美丽的月亮
好像一尘不染地挂在空中。
看那天上的星河，
好似有一条船在航行。
是否是牛郎在寻找织女，
还是一片光影。
无数的星星好像在聚会，
热闹的，装下整个星河。
我们经常联想到的星空，
其实就在我们身旁。

月

——献给宇航员的诗

初一（1）班　陶佳欣　张洁

抬头看
天上的小船

抬头看

夜里的明灯

抬头看

微醺的黄光

抬头看

一条银光冲向月球

那是人民的憧憬与光明啊！

那是百姓的骄傲与荣光啊！

那一束光

初一（1）班　周芮菡

浩瀚的太空中出现了

一枚带着国旗的火箭

哦！那是中国的国旗；

哦！那是中国的火箭！

那枚火箭像一束灿烂的光，

在幽静的星空显得格外美丽

地球上，深夜了

地球上的人在望着那茫茫的夜空，

看着，

看着那一束远远的光

亲人的手

初一（1）班　周芮菡

亲人，拉着您的手

他们眼角流下想念的泪

火箭开火的那一瞬间

他们从未想过彼此会分离那么久

火箭飞天了，而他们已经离去

不知您在太空工作了多久，

在那一天，您回到了人类的家乡

亲人拉着您的手

他们眼角流下激动的泪

今夜美丽的月光

初一（1）班　周芮菡

今夜美丽的月光，您看多好！

您何时能回来

亲眼看看这皎洁的圆月

照着月光

听着亲人思念您的声音

听着亲人呼唤您的名字

今夜美丽的月光，您看多美丽！

望您能早些回来，与我们共赏这美丽的月亮

太空

初一（6）班　马锦坤

太空，是那海面

看似平静却又危机四伏。

太空，是那日出的地平线，

永远追逐，永不相交。

太空是儿时的梦境，

神秘而又美丽。

太空像是人的一生，

始于奇点，又终于奇点。

太空像是荒凉的郊野，

荒无人烟却又充满生机。

曙光

初一（2）班　刘严浩

远远的太阳亮了，

洒下了清晨的第一缕曙光；

地上渐渐明亮起来，

好像有无数太阳一同照耀。

我想那宽广无垠的大地，

定然有着明亮的太阳，

太阳散发出的第一缕曙光，

定然是明亮辉煌。

你看，那天空之上的舞会。

定然是精彩绝伦。

不信，请看太阳上那些黑斑，

是他们舞袖飞扬的痕迹。

流星与星

初一（2）班　曲世贤

天上的星星闪耀着，

好似无数眼睛，

地上的人们也眨着眼睛，

好似天上的星星。

远远的天边多了一丝光影，

好似一缕光明划过一道裂痕，

好似斩开了黑暗的大门。

你看，黑漆漆的天空，

突然多了许多色彩。

那道光芒与那几颗眼睛，

定然有着美丽的景色。

大道上有着许多的人们，

他们的眼睛里，

都闪着幸福的光芒。

蒲公英

初一（6）班　刘子斌

少年躺在草原上，

远处传来的是风的呜咽，

随手摘下的——

是大地呻吟中的蒲公英。

将它吹散，飘散着，

它化作帆船，

运载着千年忧愁，

飞向宇宙。

它化作恒星，

在太空中变作永恒！

表5 "诗歌创作"作品评价表

要素	评价分值	具体要求	得分
意象选取	5	意象能契合情感表达，诗语简洁，意境深远	
语言表达	5	语言生动形象，句式有变化，使用修辞	
形式结构	5	能合理分行，有一定创作思路，体现诗歌的建筑美	
意蕴情感	5	围绕主题进行表达，情感充沛，积极向上，富含哲理	

【设计意图】

引导学生"在语言文字运用情境中，发现、感受和表现语言文字的魅力"。

（四）分解驱动问题3（持续时间：2周）

如何制作诗集下编部分？

【学生活动】

合理编排成果，最终完成《飞向太空的诗集》下编部分，通过赞颂宇宙中的太阳、月亮、星星等，表达对探索太空、探索宇宙的认可。

【阶段成果与评价载体】

同上。

（五）分解驱动问题4（持续时间：2周）

封面和插图应当如何设计？

【学生活动】

设计封面和封底，设计插图。

【阶段成果与评价载体】

图1　诗集插图《流星与星》　　　图2　诗集插图《星河》

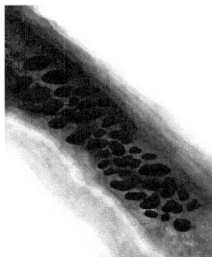

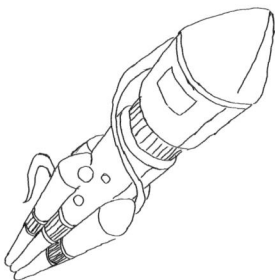

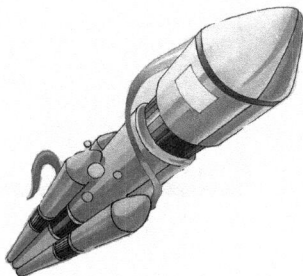

图3　诗集插图某线稿及成图

表6　"插图插画"评价表

评价对象	评价指标	评价标准	评分	修改建议
插图插画	插画形象设计合理，能突出表达主题。	能（9—10分）基本能（6—8分）不能（2—5分）		
	画面构图新颖、合理，布局均衡，结构协调。	能（9—10分）基本能（6—8分）不能（2—5分）		
	线条组织好，细节精致有节奏感，线面关系协调。	能（9—10分）基本能（6—8分）不能（2—5分）		
	色彩布置、运用有个性，有对比又调和，视觉舒适。	能（9—10分）基本能（6—8分）不能（2—5分）		
	画面布置合理，主体突出，表现手法有创意，能清晰表达文字意思。	能（9—10分）基本能（6—8分）不能（2—5分）		

（六）成果展示（持续时间：2周）

将制作完成的诗集在年级进行展示。各小组对所做工作进行介绍，呈现项目式学习的过程和自己的收获。

【学生活动】

1. 小组合作，完成汇报 PPT 的制作。

2. 在年级进行展示。

【阶段成果与评价载体】

阶段成果：《飞向太空的诗集》汇报 PPT。

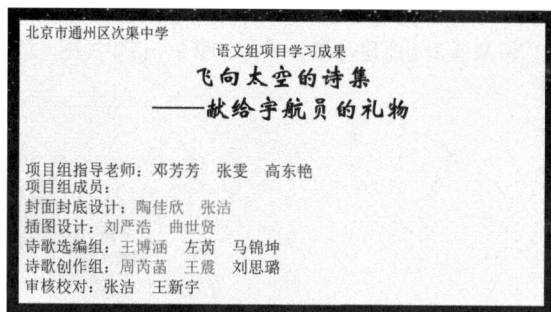

图 4 《飞向太空的诗集》阶段成果

【评价量规】

表 7 次渠中学项目汇报评委打分表

项目名称：_____   指导教师：_____

评价角度	评价内容	分值	得分
汇报表现力	语言表达流畅自然	10	
	情感充沛，有感染力	10	
表现形式	演示文稿主题鲜明	10	
	演示文稿设计美观	10	
	有相应成果作品	30	
	能突出项目成果的鲜明特色	10	
团队合作	团队成员之间配合默契	10	
	每一成员都参与发言，且有所侧重	10	

【设计意图】

反思自己的项目完成过程，在完成这一诗集的过程中，能通过对阅读过程的梳理、反思，总结不同文学作品的阅读经验和方法；能借鉴他人的经验调整自己的表达，能根据需要，运用积累的语言进行书面表达。

（七）项目反思（持续时间：1周）

撰写项目反思

【学生活动】

学生可以针对项目推进过程中的某一环节，也可以就整体谈收获和反思。

【阶段成果与评价载体】

学生的反思文字

学生1：在诗集赏析的过程中，我最喜欢的一首诗是《仰望星空》，我认为这首诗具有激励作用，可以让宇航员和我们感受到一种温暖和力量。

学生2：诗歌创作的过程很艰难，一开始我们不会创作。这时我们去寻求指导老师帮助，老师建议我们多读多赏析，模仿写作。写作完成初稿后，我们一起商量怎么改。最后，自己的作品得以印刷成小册子，太有成就感了。

学生3：在绘制插图的过程中，我们小组成员发挥了自己的专长，既有手绘，也有电脑制图。我们组的工作力求让诗集图文并茂，更有可读性。

【评价量规】

略

【设计意图】

培养学生反思意识，养成良好的学习习惯，及时反思自身问题的习惯。

六、总结反思

项目式学习是一种以学生为中心的教学方法。在学习过程中要让学生主导课堂，掌握学习内容。而学生在此过程中，要独立或者合作完成学习任务。由学生主动参与并进行知识的运用。通过自己亲身实践完成项目，获得学科知识并提升核心素养。

在本次项目式学习中，立足课程标准，落实学科核心素养。我们设计团队共同阅读语文、美术、道德与法治课程标准，选择学科交叉点，设置学生感兴趣的项目主题，共同制订项目实施的计划。学科素养呈现螺旋上升顺序，指向学生思维和核心素养的提升。

在本次项目式学习中，分工明确，情境活动真实有效，并最终形成项目成果。不足之处在于时间较为仓促，关于现代诗的赏析和创作教学还需进一步深入。我们将继续探索项目的设计与实施，力求在活动中提升学生核心素养，实现项目育人价值。

物理桌游卡牌

项目名称	物理桌游卡牌
核心驱动问题	如何制作一副趣味性和知识性结合的物理核心知识桌游卡牌
项目时长	60 天
开展年级	初二年级
涉及学科	物理、数学、美术、信息技术
项目最终成果	一副趣味物理知识桌游卡牌
案例作者	周孟男、王经策、李竹洁

一、项目介绍

桌游卡牌在现在学生的生活和休闲中已经非常普遍而且热度很高。但目前的桌游模式还主要是以娱乐为主，有时也仅仅是涉及一些人文或者历史的边缘化知识。专门以理工科知识体系为主的桌游卡牌未曾出现，人文结合科学的卡牌内容制作更是少之又少，所以本套物理卡牌在背面图案的设计上别出心裁地加入了通州大运河元素，有助于传承和弘扬古老的运河文化，让人们在使用卡牌时能感受到历史的厚重与魅力。同时它能提升地域认同感，对于通州地区的师生来说，看到熟悉的大运河元素出现在卡牌上，会增强对家乡的自豪感和归属感。

通过调研发现，将桌游卡牌用于教学中、作为一种教学手段的研究很少见。基于此，我们课题组将学习主题定为"物理桌游卡牌"，以八年级物理知识为依托，融入物理中的关键物理符号及其英文表达、物理难点公式、结合数学知识进行的公式推导、物理图文符号等知识内容，将难以记忆的主要内容编辑为卡片，卡片容易上手、便于携带，增加知识内容的趣味性，提高学生的学习兴趣。

物理游戏卡牌通过多人对抗或者多人接龙的活动形式，主要围绕八年级物理核心公式、核心概念，以物理、数学、信息技术、美术学科为基础，形成跨学科综合，制成一套卡片。重点将常见的物理基本公式和基本概念融入其中，激发学生的学习兴趣，发展合作沟通的能力，紧贴义务教育课程标准中的"注重启发式、探索式、互动式教学，引导学生自主学习，倡导做中学、用中学、创中学"等课程理念。这些物理公式不仅是知识的载体，更是培养人才的基石。我们以物理公式为工具，开启智慧之门，培养创新思维，提升实践能力。在这个过程中，塑造出具备扎实科学素养和创新精神的建设者。这些物理知识的力量，如同大运河的水一般，灌溉祖国的未来，助力国家的繁荣昌盛，为实现中华民族伟大复兴的中国梦贡献力量。在卡牌中加入我国科技新进展元素，使学生理解其中运用的物理知识，增加学生的民族自豪感和自信心，增强学生的社会责任感。同时还结合了校园中的一些现象图片，利用卡牌接龙，阐述其中的物理原理，培养学生在生活中的科学态度和正确价值观，全面提升学生的核心素养。

二、学情分析

2023 年 5 月，对我校九年级 240 余名学生从不同角度进行问卷调查。从物理观念角度调查发现：只有 8.9% 的学生对八年级全一册的物理基本公式能全部回答正确，20% 的学生能正确回答一半以上的物理公式和核心知识点，71.1% 的学生记住的八年级物理公式不到一半，甚至有 7.8% 的学生连一个公式都不能准确回答，这个调查充分体现了加强核心知识概念和公式记忆的重要性。从物理与社会科技进步的角度调查发现：60.3% 的学生能够了解我国的科技进展相关情况、关注科技新闻，但是只有 5.8% 的学生能解释科技新闻中蕴含的物理知识，同时 59.7% 的学生对我国的科技发展和进步基本不了解，甚至有 2.3% 的学生根本不关注科技新闻和发展，这样的调查结果非常不利于培养学生的民族自豪感和社会责任感。从教与学形式的角度调查发现：89.3% 的学生表示对于桌游卡片式的物理学习方式之前没有接触过，非常感兴趣，10% 的学生对此种学习方式一般感兴趣，0.7% 的学生对学习方式无所谓。由此可以看出，这种学习方式确实可以激起大部分学生的学习兴趣，非常有助于学生对基本概念和知识的掌握。

　　调查研究结果给教师在设计和实践卡牌游戏过程中提供了一定的指导，在实践过程中，需要指定物理基本知识能力较强的学生，即第一个问卷调查中8.9%的学生作为小组长，进行组织协调，同时应避免学生一开始积极性很高，在深入学习中积极性降低的问题。设计卡牌活动时要将核心知识点进行细分，同时在进行教学之前讲解好活动规则。

三、项目目标

表 1　项目目标量化表

涉及学科	学科核心素养	学业发展目标	项目目标
物理	物质观念、科学思维、科学态度与责任	能根据卡片内容，熟悉并掌握八年级核心物理观念，能够熟悉整套卡牌，理解游戏规则，小组合作顺利完成活动，获得奖励。	1. 熟悉卡牌内容、将卡牌上的知识内容与课本内容进行对照吻合，确保在游戏之前，充分熟悉和了解核心公式和概念、我国的科技前沿、校园中与物理有关的常见现象，重点培养学生的物理核心观念、热爱校园、善于观察的科学意识。 2. 至少 4 人以上一组进行多组多次的活动，以组长引领、小组成员参与的形式。需要学生具有前面的核心公式、计算变形、核心概念的积累，具有灵活运用公式的能力，在活动结束对于胜出者进行一定的奖励，这个过程中培养学生奋斗进取、永不放弃的科学精神。 3. 在活动结束之后，进行项目的反馈。主要在卡牌的美观、知识点的熟悉和掌握、对科学的态度和责任感、对校园情感和科技等方面进行反馈。初步领悟物理公式之间的关联，能说出我国最新科技成果中的物理知识。
美术	审美感知、艺术表现、创意实践	具备正确的审美观念，对卡牌的制作提出自己的建议和看法，帮助项目改进，使德智体美劳全面发展。	培养学生的艺术表现手法和感知能力
信息技术	计算机思维、数字化学习与创新、信息社会责任	能够利用计算机实施自己提出的改进方案，使卡牌的制作更加完美，养成自我解决问题的习惯和能力。	培养学生熟练掌握数字、信息技术手段的使用
数学	数学思维思考世界、数学语言表达世界	获得适应未来生活和进一步发展所必需的数学基础知识、基本技能、基本思想、基本活动经验。体会数学知识之间、数学与其他学科之间、数学与生活之间的联系，在探索真实情境所蕴含的关系中，发现问题和提出问题，运用数学和其他学科的知识与方法分析问题和解决问题。	1. 让学生熟练掌握用字母和符号进行公式的推理运算和逻辑表达。 2. 尝试在真实情境中运用数量关系解决实际问题，找出数之间的推理关系。

四、分解驱动问题

表2　驱动问题分解表

核心驱动问题	项目成果		
如何制作一套游戏卡牌	一套物理核心知识卡牌		
分解驱动问题	项目活动	评价载体	评价方式
核心知识点、基本概念、基本公式总结	组织学生分小组归纳总结八年级的物理基本公式和基本概念	①总结物理公式清单②总结基本概念	①教师及时反馈②评价表
制作知识卡片	以驱动问题一的分组继续深入进行卡片的制作	能够顺利美观地制作好一整套完整卡片	①教师及时指导②评价表
制定游戏规则，进行卡牌游戏	用制作好的卡片组成一套牌进行游戏	①了解游戏规则②能顺利进行游戏	游戏胜出
游戏过程评估和反馈	在驱动问题三之后，进行游戏环节的评估	对规则和基本公式进行优化处理	评价表

五、项目式学习实施过程与评价方案

（一）入项活动（持续时间：1节课）

梳理八年级物理核心公式、核心概念、科技发展现状的图片。

【学生活动】

学生梳理基本公式、基本概念、常见的科技现象。明确每张卡片上需要写什么，明确项目的特点和主题，明确游戏规则的设置，明确怎么达到公式记忆的目的。

【设计意图】

让学生明确和熟练掌握基本核心公式、核心概念、科技发展现状，激发学生的学习兴趣，提高学生参与度与积极性。

（二）分解驱动问题1（持续时间：2天）

核心知识点、基本概念、基本公式总结。

【学生活动】

在活动之初，将公式整理小组的学生再进行细化分工，明白各自负责章节中的核心公式、核心概念、与前沿科技相关的知识内容。分配完成之后，每个小组将所负责章节公式摘录出来，进行归纳、总结，形成公式清单。每个小组找出至少三个与科技前沿相关的图片和知识点，为形成卡片做铺垫。

【确定任务小组】

表3 任务小组分工表

组名	主要职责	特长	人员数量
公式整理小组	整理八年级物理全一册内容的基本公式	文字归纳、总结	2
	将基本公式进行数学变形	文字归纳、总结	2
	将公式按照知识模块进行分类	文字归纳、总结	2
	统计公式的数量、字母的数量、等号的数量，确定卡牌的张数。	数据统计	2

图1 学生总结公式

【阶段成果与评价载体】

每个章节的重点公式、基本概念、与科技前沿的知识清单。

【评价量规】

表4 评价量规表

评价对象	评价指标	评价标准	评分	修改建议
章节公式和基本概念	能找到的重点公式的数量	每个公式1分；每个核心概念1分		
	重点公式的正确性以及灵活变形数量	公式变形每个1分		
数据统计任务	正确统计字母的个数和公式的个数	正确统计得10分		
	确定卡牌张数	正确统计得10分		
	小组评价		教师评价	

【设计意图】

通过活动，让学生知道我们的这个项目的目的，知道如何梳理重点的知识内容，了解物理游戏卡牌的兴趣，同时了解我国的科技发展现状。强化学生物理观念的同时，培养他们的民族自豪感和自信心。

（三）分解驱动问题 2（持续时间：1 天）

制作知识卡片。

【学生活动】

在活动之初，将卡牌制作小组的学生再进行细化分工，每个小组能够有核心成员利用 PS 和 Word 编辑出相应的核心公式、核心概念相关知识内容的卡片。

【确定任务小组】

表 5　小组分工表

组名	主要职责	特长	人员数量
卡牌制作小组	常见的运动、质量和密度两章的基本公式、概念、科技前沿图片，卡片制作	PS 和 Word 编辑能力	2
	运动和力这一章的基本公式、概念、科技前沿图片，卡片制作	PS 和 Word 编辑能力	2
	压强与浮力这一章的基本公式、概念、科技前沿图片，卡片制作	PS 和 Word 编辑能力	2
	简单机械、功和能两章的基本公式、概念、科技前沿照片，卡片制作	PS 和 Word 编辑能力	2
	光和热两章的基本公式、概念、科技前沿照片，卡片制作	PS 和 Word 编辑能力	2

图 2　学生进行卡牌制作

【阶段成果与评价载体】

形成一套游戏卡牌

【评价量规】

表6　评价量规表

评价对象	评价指标	评价标准	评分	修改建议
章节公式和基本概念	制作重点公式卡片的数量	每个公式1分；每个核心概念1分		
	制作重点公式变形卡片的数量	公式变形每个1分		
与知识相关的科学前沿的素材收集	制作科技前沿图片卡片的数量	每个科技前沿素材照片1分		
	小组评价		教师评价	

【设计意图】

通过活动，提高学生对知识体系的掌握程度，让学生学会信息科学技术的应用、PS和Word编辑能力，培养学生的审美意识，培养学生的科学态度和责任心。

（四）分解驱动问题3（持续时间：1天）

制定游戏规则，进行卡牌游戏。

【学生活动】

规则制定小组的同学，根据卡牌制作小组制作的卡牌，设定游戏规则。

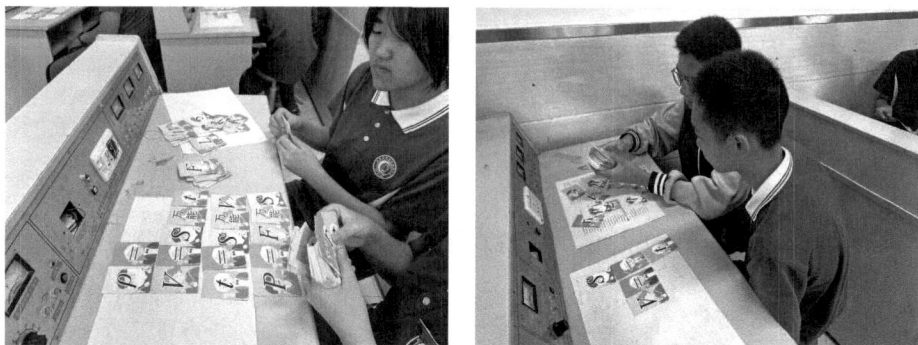

图3　小组内规则相互学习和试玩

【确定任务小组】

表7 小组分工表

组名	主要职责	特长	人员数量
规则制定小组	测试不同的游戏方式	文字编辑能力	4
	制定合适的游戏规则	逻辑分析能力	4

【阶段成果与评价载体】

能理解游戏规则，顺利玩好卡牌游戏。

【评价量规】

表8 评价量规表

评价对象	评价指标	评价标准	评分	修改建议
设定游戏规则	能够制定玩家感兴趣的游戏规则	能（9—10分） 基本能（6—8分） 不能（2—5分）		
能否顺利完成游戏	是否能够按照卡牌完成的先后顺序进行	能（10分） 基本能（7—9分） 剩余手牌较多、无法完成（4—6）		
	小组评价		教师评价	

【设计意图】

通过活动，培养学生制定规则的综合能力、对物理的学习兴趣。

（五）分解驱动问题4（持续时间：1天）

游戏过程评估与反馈

【学生活动】

学生围绕两个问题进行讨论：游戏规则的优化和游戏牌库内容的优化。

图4 学生讨论规则进行规则优化

表9 小组分工表

组名	主要职责	特长	人员数量
游戏测试小组	按制定好的规则开展游戏	文字编辑能力	4
	寻找游戏规则中的漏洞，提出优化方案	逻辑分析能力	4

【阶段成果与评价载体】

能对卡牌内容进行优化处理，提出改进措施。

【评价量规】

表10 评价量规表

评价对象	评价指标	评价标准	评分	修改建议
游戏规则优化	能否根据游戏体验，找到规则中的漏洞	能（9—10分） 基本能（6—8分） 不能（2—5分）		
游戏牌库优化	能否根据游戏体验，找到牌库的不足	能（9—10分） 基本能（6—8分） 不能（2—5分）		
	小组评价		教师评价	

【设计意图】

通过活动，提高学生对基本公式、知识体系以及基本概念的掌握程度，培养学生分析问题和解决问题的能力。

（六）成果展示（持续时间：6天）

将优化好的卡牌在全年级发放。

【学生活动】

扩大学生试玩范围，进行打分并提出反馈意见。

图5 扩大试玩范围

【阶段成果与评价载体】

其他学生参与比赛，并说出感受和反馈。

【评价量规】

表11 评价量规表

评价对象	评价指标	评价标准	评分	修改建议
游戏规则优化	能否根据游戏体验，找到规则中的漏洞	能（9—10分） 基本能（6—8分） 不能（2—5分）		
游戏牌库优化	能否根据游戏体验，找到牌库的不足	能（9—10分） 基本能（6—8分） 不能（2—5分）		
	小组评价		教师评价	

【设计意图】

通过活动，能够激发学生的物理学习兴趣，对核心公式和核心概念熟练掌握，培养学生的物理观念，通过科技前沿图片培养学生的科学态度和责任。

（七）项目反思（持续时间：1节课）

项目进行总结

【学生活动】

学生根据游戏体验报告或学生反馈汇总表，进行集体讨论与反思。

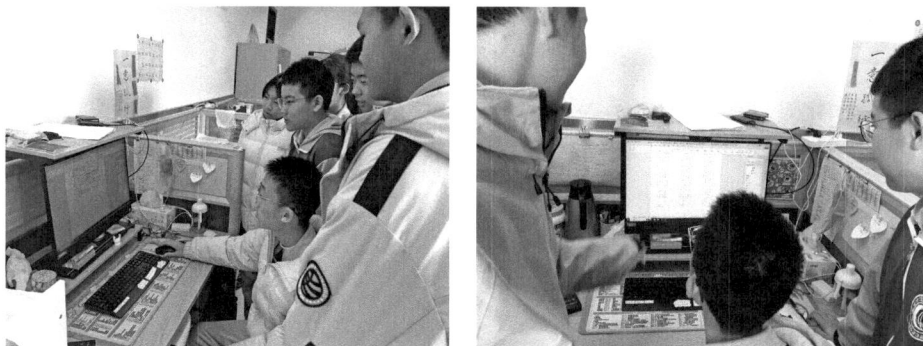

图6 规则和卡牌游戏改进

【阶段成果与评价载体】

《小组反馈问题总结表》

【评价量规】

表 12　评价量规表

评价对象	评价指标	评价标准	评分	修改建议
游戏规则优化	能否根据游戏体验，找到规则中的漏洞	能（9—10分） 基本能（6—8分） 不能（2—5分）		
游戏牌库优化	能否根据游戏体验，找到牌库的不足	能（9—10分） 基本能（6—8分） 不能（2—5分）		
	小组评价		教师评价	

【设计意图】

通过反思，学生不断优化卡牌内容。

六、总结反思

学生自主设计卡牌游戏，相比于教师主导的卡牌游戏更能够显著促进学生的学习兴趣和记忆程度，并且分组进行牌面和规则的设计也是对学生团队协作能力和创新能力的培养。卡牌设计的初衷，旨在让学生在不断玩游戏的过程中对八年级物理基本公式和基本概念达到记忆的效果，但是几乎所有的学生在课上进行制作和执行游戏后，在课下没有再进行相关的游戏。这可能归因于游戏规则不完善，不能够像成熟的桌游一样吸引学生在课下继续进行。

首次将物理卡牌设计作为学习项目引入物理的课堂中，极大地激发了学生的学习兴趣，一改物理公式难以记忆的死板印象。通过项目的实施过程也极大地提升了物理课堂的互动性，拉近了教与学的关系，让教与学在设计和反馈的过程中同步提升。

在使用物理卡牌项目式教学的过程中有以下几点建议：（1）班级人数不宜过多，小班教学效果最佳，学生和老师在卡牌设计和游戏过程中可以充分互动，及时得到反馈；（2）学生自主设计最佳，能够激发学生的自主创意，提升其对知识点的熟悉程度；（3）为巩固学生对于卡牌的兴趣以及后期利用卡牌深入学习的动力，可以设置卡牌大赛，对获胜者或者获胜小组予以一定的奖励；（4）游戏可以提升学生的学习热情，但是不宜分配过多课时在其中，可以让学生利用课余时间进行设计和游戏；（5）简单复制他人的游戏教学法，无法使教师和学生获得提升，应该根据学生的现状实时创新，激发教师和学生的教与学能力的同步提升。

宋宴——从饮食看宋朝都市发展

项目名称	宋宴——从饮食看宋朝都市发展
核心驱动问题	如何以宋代为背景以饮食为主题撰写一个宋朝召开宴会的剧本?
项目时长	25 天
开展年级	初二年级
涉及学科	历史、语文、道德与法治
项目最终成果	一份有故事性且有历史背景的宋代宴会剧本
案例作者	张闻闻、郝金慧、杨心睿

一、项目介绍

陈寅恪先生云:"华夏民族之文化,历数千载之演进,造极于赵宋之世。"雄浑磅礴是大唐气象,烟火人间是两宋写照。宋代的文化发展到登峰造极的高度,饮食文化是其中一极。饮食是一种文化,它是物质文化和社会风俗各部分中最能反映民族和地区特色的一个组成部分。中华美食誉满天下,中国的饮食文化源远流长。中国的饮食文化,实际上也是指中国人的饮食生活方式。饮食是一日三餐离不开的东西,学生对于饮食文化十分感兴趣,话题贴近生活,与生活息息相关。运河文化源远流长,孕育了北京饮食文化的融合创新,这个主题也体现了创新协同、融合共生的运河人文内涵。

二、学情分析

根据 2022 年 10 月对我校初二年级 140 余名学生进行问卷调查发现:有

96.3％的学生对宋朝的饮食文化感兴趣；有43.5％的学生不知道宋朝的饮食文化为什么繁荣；有29.62％的学生不知道宋朝都市文化的发展和宋代经济之间有什么直接的联系；有39.31％的学生不知道宋代的娱乐节日；有60.98％的学生不知道如何根据已知的宋代历史知识分析宋朝都市文化繁荣的原因；有43.93％的学生不知道如何表达、呈现和介绍宋代饮食文化。

三、项目目标

表1　项目目标量化表

涉及学科	学科核心素养	学业发展目标	项目目标
历史	时空观念 家国情怀 课程资源 开放利用	七年级《中国历史》(下册)第二单元"辽宋夏金元时期：民族关系发展和社会变化"让学生了解了北宋的政治、宋代经济的发展以及宋元时期的都市和文化，从制度、经济、文学艺术、民族交往、中外文化交流等方面认识宋王朝在世界历史上的重要地位。	1.学生基于"宋宴"这一主题搜集整理关于宋代饮食结构、饮食习惯、饮食材料、饮食文化的相关资料。 2.根据材料分类、整理，形成宋代饮食特点食谱并分析背后的政治经济文化原因。 3.挑选喜爱的菜式，体验制作一道宋代的饮食。 4.基于创作组搜集的资料和真实的体验，讨论和撰写剧本内容。
语文	语言运用 思维能力 审美创造	九年级《语文》(下册)整个写作训练贯穿教材。第二单元写作学习审题与立意，第三单元写作布局谋篇，第五单元写作训练准备与排练和演出与评议。对于写出剧本和剧本理解以及演出展现有明确的要求。	
道德与法治	国家意识 政治认同 文化自信 人生价值	关于宋朝知识，在初中《道德与法治》教材中没有涉及。在九年级上册第五课"守望精神家园"中涉及延续文化血脉。文化是一个国家、一个民族的灵魂。文化自信是对一个国家、一个民族自身文化价值的充分肯定，是对文化生命力的坚定信念，是更基础、更广泛、更深厚的自信。中华文化绚丽多彩，穿越时空焕发现代活力，具有创造力、包容力、与时俱进，虽然历经沧桑但是薪火相传、历久弥新。	

四、分解驱动问题

表2　驱动问题分解表

核心驱动问题	项目成果
如何以宋代为背景以饮食为主题撰写一个宋朝召开宴会的剧本？	一份有故事性且有历史背景的宋代宴会剧本

续表

核心驱动问题	项目成果		
分解驱动问题	项目活动	评价载体	评价方式
宋代饮食文化有什么特点?	学生自主对宋代饮食结构、习惯、烹饪技法、宴会生活进行搜集和整理,撰写小论文。	①撰写宋代饮食文化特点的小论文 ②有史料的引用	①教师及时反馈 ②评价表
宋代饮食文化的改变与都市生活之间有什么样的关系?	学生自主对都市饮食文化生活的资料进行搜集和整理,撰写小论文。	①从宋代饮食文化的改变、与都市生活之间的关系选取一个角度撰写小论文 ②有史料的引用	①教师及时反馈 ②评价表
如何撰写一份《宋宴》剧本?	1.教师指导学习宋代政治经济与民族关系相关知识。 2.在小论文的基础上进行剧本的创作、撰写和润色。	①制作宋代政治与民族关系的大事年表 ②创作一份剧本初稿	①教师及时反馈 ②评价表
如何校正和润色剧本?	1.学习查阅文献。 2.学习宋代历史文化对中国古代政治经济文化的地位和影响。 3.学习动手制作和协调合作的能力。	①能准确说出剧本的历史背景 ②能介绍出剧本创作的思路制作大纲	①教师及时反馈 ②评价表

五、项目式学习实施过程与评价方案

表3 项目式学习实施过程与评价方案表

主要环节		达成的目标	活动内容	活动分组	教师指导	评价方法
活动准备		1.了解调查法、访谈法、观察法、文献研究法等 2.提高安全意识 3.确定资料收集、撰写、校正、拍摄、制作、宣传工作的负责人	1.研究方法培训 2.明确项目实施过程中的注意事项 3.明确人员分工	全体学生	1.项目研究方法指导 2.安全意识培训 3.展示项目式学习案例供学生参考	生生互评
项目开展	活动一:自主学习探究宋代饮食文化的特点及对都市生活的影响	1.初步了解宋代饮食的结构、习惯、烹饪技法和宋代宴会生活 2.初步了解宋代都市文化生活受饮食影响的内容	学生自主对宋代饮食结构、习惯、烹饪技法、宴会生活、都市饮食文化生活的资料进行搜集和整理,撰写小论文。	《宋宴》剧本主题创作组	指导学生完成预习	自我反思 师生评价 生生评价 (见评价表)

主要环节		达成的目标	活动内容	活动分组	教师指导	评价方法
项目开展	活动二：《宋宴》剧本内容撰写与修改润色	1. 能够运用所学的知识、方法和工具，对宋代饮食文化和都市生活构成进行真实丰富的解读。 2. 学生能够初步理解宋代饮食的改变、丰富以及都市生活的繁荣与宋代的政治和经济的繁荣发展是分不开的。 3. 能够通过运用已学过的宋代政治经济历史知识作为框架，把宋代饮食文化和生活串联起来，增强从综合视角看待和分析问题的意识和能力，形成历史解释的能力。 4. 能够从学习和写作的过程中拥有民族自豪感，坚定文化自信。	1. 学习宋代政治经济与民族关系相关知识。 2. 在活动一的基础上进行剧本的创作、撰写和润色。	《宋宴》剧本内容撰写组	完成课堂内容	自我反思师生评价生生评价（见评价表）
	活动三：《宋宴》剧本校正	学生能够初步认识历史是讲究证据的学科，善于使用一手史料和二手史料以及对文献的查阅来校正历史，从而形成正确的历史解释。	1. 学习查阅文献。 2. 学习宋代历史文化对中国古代政治经济文化的地位和影响。 3. 学习动手制作和协调合作的能力。	《宋宴》剧本校正及沉浸式体验做一道宋代饮食组	完成课堂内容	自我反思师生评价生生评价（见评价表）
	完成班级分享活动	1. 成果展示，将PPT、视频、心得体会展示 2. 参加相关活动 3. 配合新闻媒体完成项目研究的报道	学生代表	宣传本次活动组		生生评价
成果分享		1. 撰写学习反思 2. 完成反思交流	撰写研究报告、小论文、心得体会等	全体学生	1. 督促学生按时完成项目的总结和分析。 2. 辅导学生完成剧本的创作。	生生评价
学习复盘						

六、项目成果

（一）资料搜集、撰写小论文作品

图1　搜集资料

图2　撰写宋代饮食特点介绍小论文

（二）剧本作品

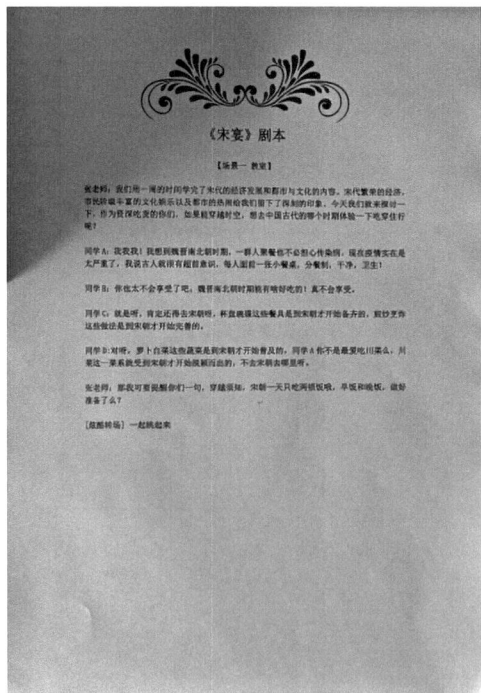

图3　宋宴剧本1

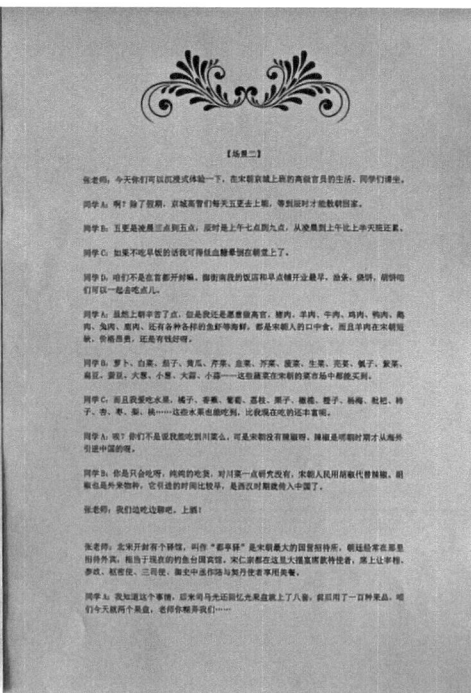

图4　宋宴剧本2

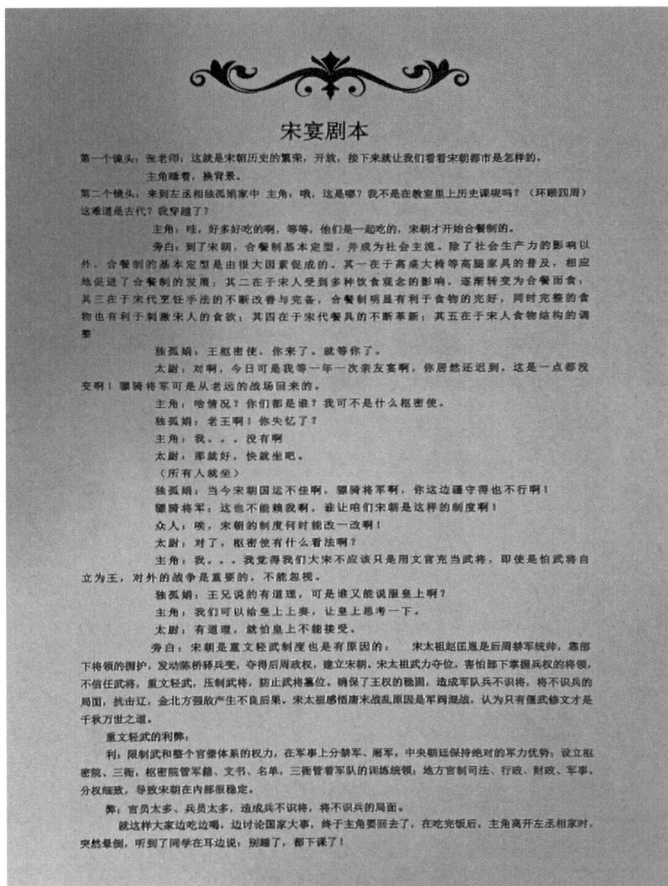

图 5　宋宴剧本 3

（三）手工制作作品

图 6 制作橙酿蟹的过程

（四）宣传与汇报

图 7 项目总结、汇报与反思

七、项目评价

项目式评价包括项目化学习的评价、对学习实践的评价以及对项目化学习成果的评价。项目式评价应该是多元且丰富的，而且与成果的产生、成果汇报关系密切，其指向学习目标，体现教学评一致性。教学设计者要用逆向设计的思维来进行教学设计，并将评价贯穿始终。项目式评价需要用过程性、总结性的评价策略及多元主体参与的评价方法来探查学生在项目化学习过程中的探究深度，教师应引导学生对自己和同伴的成果进行分析评价，以提高学生的反思能力，促进深度学习。

（一）《宋代饮食文化》小论文作品

表4　"宋代饮食文化小论文"作品评价表

评价等级	求知力	表达力	创造力
优秀 （9—10分）	自主探究宋代饮食文化种类、特色，内容具体、贴合度较好，主题明确。	论文内容全面；突出宋代饮食文化主题和特色；准确说出宋代饮食特点、结构、与文化生活的关联性。	条理清晰，与宋代经济政治背景相关联；用历史性的语言进行叙述。
较好 （6—8分）	自主探究宋代饮食文化比较具体，内容的贴合度好。	总结出宋代饮食结构和特点，能较流畅地表达出观点。	内容翔实、准确，主题突出，有一定的结构。
待改进 （2—5分）	自主探究宋代饮食内容不完整，内容有一定贴合度。	宋代饮食文化结构内容不全面；主题结构不明确。	内容不全面，主题不清晰，结构不完整，缺乏历史语言。
学生自评	小组评价	教师评价	

（二）《宋宴》剧本作品

表5　"《宋宴》剧本"作品评价表

评价等级	求知力	表达力	创造力
优秀 （9—10分）	自主确立宋代饮食文化主题、筛选历史信息、突出饮食文化背后反映的社会经济和政治信息，呈现出宋代都市文化的氛围，完成剧本创作；撰写大纲，形成作品；有校正和修改润色的过程。	剧本主题鲜明，有吸引力；语言表达清晰、生动，具有历史性语言；有历史韵味和家国情怀。	作品生动有趣，角度新颖，人物角色鲜明且符合历史，具有一定的文化传播力。
较好 （6—8分）	自主确立宋代饮食文化主题，筛选信息，全面介绍宋代饮食文化；撰写大纲；完成创作。	剧本内容生动流畅；语言表达较清晰，有逻辑。	作品包含对宋代饮食文化和政治经济文化的介绍，主题鲜明，人物贴合历史。
待改进 （2—5分）	自主确立宋代饮食文化主题，筛选信息宋代历史知识，完成创作。	剧本撰写内容不完整；角色身份不清晰，故事不够流畅。	剧本内容不全面，角色不鲜明，故事流畅度不够。
学生自评	小组评价	教师评价	

（三）手工制作作品

表6　"手工制作"作品类作品评价表

评价等级	求知力	表达力	创造力
优秀 （9—10分）	自主探究宋代皇室饮食、达官显贵饮食、平民饮食，选取恰当的材料制作，说出饮食背后的历史内涵。	选取恰当材料；作品生动逼真；能传达出准确的历史信息。	联系生活实际；能对宋代饮食文化进行有效传播；思维开阔有高度，具有一定的创新。

续表

评价等级	求知力	表达力	创造力
较好 （6—8分）	自主探究宋代典型的饮食代表；能区分不同饮食的特点。	作品完整； 材料选取恰当。	联系古今生活，可操作性比较强；思维比较开阔有高度。
待改进 （2—5分）	自主探究宋代饮食文化，不能准确联系生活实际。	作品不够完整； 材料选取不切合实际。	未能准确设计出作品，可操作性不强；思维狭隘无高度。
学生自评		小组评价	教师评价

八、总结反思

在本次项目式学习中，从学生较为感兴趣的美食入手，从宋代的饮食文化这样一个新颖的角度作为一个主题，以饮食看文化。通过归纳整理宋代节日赐宴的确立与发展的资料，培养学生查阅文献资料的能力。在阅读的过程中，培养学生阅读能力，筛选信息的能力。通过复刻宋朝代表性美食，激发学生的兴趣，创造历史情境，拉近学生与历史的距离。

通过搜集古诗词、古代菜单、文献资料，自主建构美食制作流程，培养了学生的动手和动脑能力。在分工合作中激发学生合作探究的能力，体会古人的智慧和中华饮食文化的深厚底蕴。在历史基础知识学习的基础上，利用已有知识对宋代饮食文化和社会生活进行重新建构整合，利用语文写作课的写作培养，进行剧本的设计和书写。发挥学生的想象力和创造力，在历史唯物主义和时空观念的框架下，对已有知识进行历史解释，形成自主建构知识的能力。

通过分析北宋加强中央集权的措施所带来的利弊，客观认识历史问题，通过政治分析宋朝饮食文化背景。通过搜集资料了解宋代农业、手工业发展和商业繁荣的表现，分析宋代经济发展的原因，感知宋代经济发展以及经济重心南移对宋代饮食文化和城市发展的影响。通过搜集资料、观看视频、鉴赏名画、亲手制作和情境创设、编写剧本等方式，感知宋元时期城市经济和城市文化的繁荣，使学生构建自己对宋朝都市发展的解释。

学生已经学习过七年级《中国历史》（下册）第二单元"辽宋夏金元时期：民族关系发展和社会变化"，对宋朝的政治、经济、文化和社会生活有了初步的了解。学生对于中华文化，尤其是饮食文化非常感兴趣，由学生自主选题，开展以"宋宴"为主题的学习，学生有浓厚的兴趣。学生搜集资料、整理资料，归纳、分析、总结，以及利用网络和现代信息技术的能力有一定的基础，能够在查阅史料的基础上进行历史理解的自主建构。在小组合作和合作探究能力上也有了很大的发展，能够在学习的基础上进行团队合作。

在学习宋朝政治经济文化的基础上，将所学的历史课程内容与语文、道德与法治学科知识、技能、方法等结合起来。围绕宋朝饮食结构，以及饮食所体现的时代背景为中心，开展深入探究、了解相关的历史事件、地理风土人情等，进而理解宋朝饮食的基本概括，以及背后体现的政治价值和物质基础。进一步发展学生核心素养，促进学生历史学习方式的转变，同时借助不同课程所学知识和方法，初步养成多角度分析问题和解决问题的能力。加强学生运用多学科的知识与技能进行综合探究的能力。通过开展对宋朝饮食问题探究的综合实践活动，进而提高学生史料实证、历史解释、家国情怀、唯物史观等的综合素养。

总的来说，这次项目式学习也是历史跨学科的一次尝试，在这个过程中，真正做到以学生为主体，教师只起到了一个指导和协助的作用，学生在整个活动中积极参与，发挥出活力、展现出潜力，给自己和老师一个很大的惊喜，这就是这次活动最成功的地方。

手绘长江黄河分布图

——基于项目式学习的初中河流研学案例设计

项目名称	手绘长江黄河分布图 ——基于项目式学习的初中河流研学案例设计
核心驱动问题	如何分析河流概况与开发利用？
项目时长	11 课时
开展年级	初一年级
涉及学科	地理、历史、道德与法治
项目最终成果	长江黄河分布图、大运河 / 永定河水系图、讲解视频、大运河模型
案例作者	陈欣、申丽娜、黄海英

一、项目介绍

长江与黄河作为中华民族的母亲河，其流域内的自然环境与人类活动之间存在着复杂而微妙的关系。通过实地考察、资料搜集和小组讨论，学生们深入分析了河流对沿岸地区经济、文化、生态等多方面的影响，以及人类活动如何反过来影响河流的自然状态。这一过程中，学生们逐渐形成了尊重自然、保护环境的意识，体会到了人地协调的重要性，在实践中以人文与自然的和谐共生。随着项目的深入，学生们开始专注于长江、黄河以外的其他河流——大运河和永定河。他们利用地图软件、卫星图像等现代技术工具，对两大河流进行了全方位、多尺度的区域认知。从源头到入海口，从上游的高山峡谷到下游的平原湖泊，学生们仿佛进行了一次跨越千里的旅行，对祖国的大好河山有了更加全面而深刻的认识。正是这份对运河人文精神的敬仰，学生将这份历史的厚重与文化的深邃，以地理的形式呈现出来。

在绘制分布图的过程中，学生们需要将所学到的地理知识、人文历史、美学设计等多方面的知识融合在一起。他们不仅要准确标注河流的走向、支流分布、重要节点等信息，还要在图中融入自己对运河人文精神的理解和感悟。通过反复修改、讨论和完善，学生们逐渐学会了如何运用综合思维去分析和解决问题，他们的作品也因此而更加生动、富有内涵。这些作品不仅展示了他们的地理知识水平和绘图技能，更体现了他们在实践中不断探索、勇于创新的精神风貌。在学校的展览厅里，这些作品成了一道亮丽的风景线，吸引了众多师生前来观赏和学习。通过这次项目式学习，学生们不仅收获了知识和技能，更重要的是学会了如何将理论知识应用于实践之中，学生们更加坚定了文化自信和民族自豪感，更清晰地意识到自己的使命担当，为未来的学习和生活打下了坚实的基础。

二、学情分析

根据 2022 年 10 月对我校初一年级 140 余名学生进行问卷调查发现：有 28.32% 的学生认为小学课本中没有涉及长江、黄河和相关内容；有 18.5% 的中学生不知道黄河为什么被称为"母亲河"；有 41.62% 的学生不知道长江为什么会被称为"黄金水道"；有 39.31% 的学生不知道河流汛期；有 10.98% 的学生不知道黄河面临的环境问题；有 43.93% 的学生不知道长江三峡的具体作用；有 47.4% 的学生不知道哪些因素会影响河流汛期；有 39.88% 的学生不知道为什么黄河是世界上含沙量最大的河流；有 29.48% 的学生不了解居住地周边的河流；有 79.77% 的学生对河流的源头、长度、流经地区、入海口等方面知识感兴趣；有 63.58% 的学生对河流的汛期、结冰期、含沙量及水量大小感兴趣；有 61.27% 的学生对河流的水能开发、水景、水运能力感兴趣；有 68.79% 的学生对河流的洪涝灾害、水土流失、地上河等方面的知识感兴趣。

三、项目目标

表1 项目目标量化表

涉及学科	学科核心素养	学业发展目标	项目目标
地理	人地协调观、区域认知、综合思维、地理实践力	运用地图和相关资料，简要归纳中国河湖的特征，描述长江、黄河的特点，举例说明其对经济发展和人们生活的影响。	1.学生能够初步认识地理环境是人类生存的基础，人类活动深刻影响着地理环境，协调人地关系是人类社会可持续发展的必然选择；能够运用所学的知识、方法和工具，面对世界、中国、家乡出现的人口、资源、环境和发展问题，做出初步的分析和评价，并具有遵守相关法律法规的意识；能够立足家乡、胸怀祖国、放眼世界，初步树立人与自然和谐共生的观念；学生能够初步理解地理事物和现象是由地理要素在不同时空条件下相互作用形成的；能够通过观察、比较、分析等方法，认识地理事物和现象的自然、人文特征及其时空变化特点，初步形成从地理综合的视角看待和分析问题的意识和能力；能够初步具备崇尚真知、独立思考、大胆尝试等科学品质。 2.学生能够初步理解地球上有不同空间尺度、不同类型的区域，每一个区域都有各自的特征，不同区域之间会产生联系；能够运用多种地理工具获取区域信息，认识区域特征、区域差异和区域联系，初步形成从空间—区域的视角看待和分析问题的意识和能力；能够增进热爱家乡、热爱祖国的情感，形成人类命运共同体意识。 3.学生能够初步掌握地理实验、社会调查、野外考察等地理实践活动的基本方法；能够在校内、校外的真实环境中，运用所学知识和地理工具，通过地理实践活动，观察和感悟地理环境及人们生产生活的状态，尝试解决实际地理问题，增强信息运用、实践操作等行动力；能够养成在实践活动中乐于合作、勇于克服困难等品质。
历史	时空观念、家国情怀	了解大运河开通等史实，知道隋朝大运河开通的目的、过程和意义，从制度、经济、文学艺术、民族交往、中外文化交流等方面认识隋王朝在世界历史上的重要地位。	
道德与法治	法治教育	了解环境保护的法律规定，树立生态文明观念。	

四、分解驱动问题

表2 驱动问题分解表

核心驱动问题	项目成果		
如何分析河流概况与开发利用？	基于项目式学习的初中河流研学案例设计		
分解驱动问题	项目活动	评价载体	评价方式
为什么把长江、黄河视为中华文明的摇篮？	自主学习探究长江、黄河	手抄报	评价量表
长江的洪涝灾害，黄河的水土流失，地上河产生的原因及解决措施？	地理知识学习	课堂提问	教师评价
大运河有哪些重要历史意义？	历史知识渗透	手抄报、视频介绍	评价量表
永定河为何被称为北京的"母亲河"？			评价量表
保护"母亲河"，我们可以做什么？	河流知识迁移与运用	绘画、运河模型、倡议书	评价量表

五、项目式学习实施过程与评价方案

（一）入项活动（持续时间：1课时）

播放《长江之歌》和《保卫黄河》MV。

【学生活动】

观看视频，明确本次项目式学习主要探究内容，感受长江、黄河的壮观景象，明确研究内容。

【设计意图】

增强对长江、黄河的感性认识，激发学生的学习兴趣。

（二）分解驱动问题1（持续时间：1课时）

为什么把长江、黄河视为中华文明的摇篮？

【学生活动】

自主阅读教材，学习长江、黄河的形状，上中下游分界点、通航河段等知识，绘制出河流示意图。

【阶段成果与评价载体】

图1 学生手绘黄河概况图　　　　图2 学生手绘长江概况图

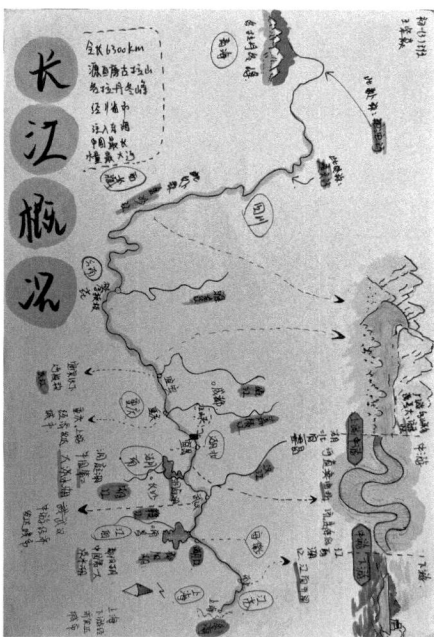

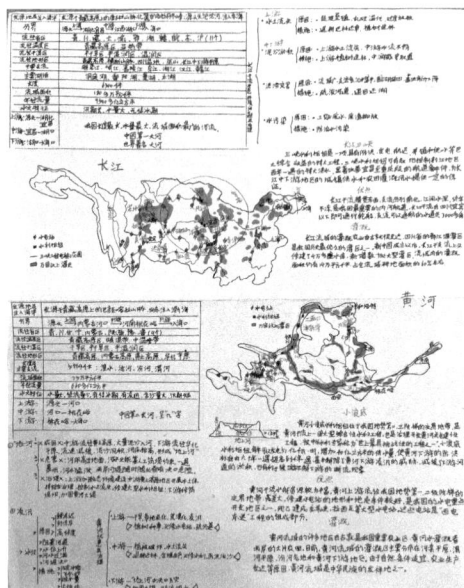

图3 学生手绘长江、黄河流域概况图

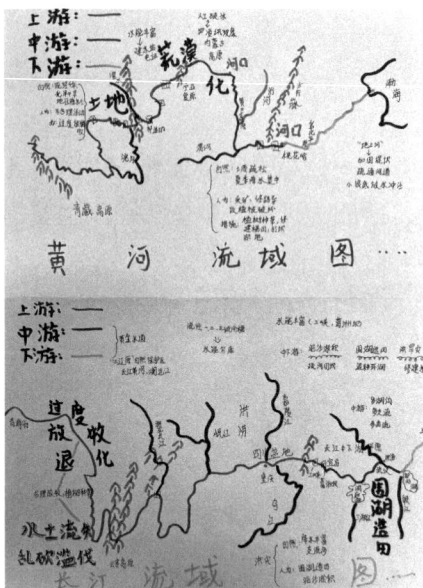

图4 学生手绘长江、黄河流域图

【评价量规】

表3 "河流绘制示意图"类作品评价表

评价等级	求知力	表达力	创造力
优秀 （9—10分）	自主探究河流相关内容具体、内容的贴合度较好	河流绘制的完整性高；干支流清晰，且包含湖泊内容；上中下游分界线清晰	包含河流内容完整的文字叙述，河流设计图协调性高，真实性强
较好 （6—8分）	自主探究河流相关内容比较具体、内容的贴合度好	河流绘制具有一定完整性；干支流绘制较清晰；具有上中下游分界线	包含河流内容的文字叙述，有一定的河流设计图协调性，有一定的真实性
待改进 （2—5分）	自主探究河流相关内容不完整、内容有一定贴合度	河流绘制内容不完整，干支流描述不清晰，不包含湖泊内容；无清晰的上中下游分界线	缺少对河流内容的文字叙述，河流设计图协调性差，与实际情况有偏差
学生自评	小组评价	教师评价	

【设计意图】

通过自主探究，绘制长江、黄河的形状、支流、上中下游的分界点等，对长江、黄河有初步认识，体现了以学生为主体的思想，培养了学生的区域认知和地理实践力。

（三）分解驱动问题2（持续时间：5课时）

长江的洪涝灾害，黄河的水土流失，地上河产生的原因及解决措施？

【学生活动】

基于地理教材七年级上册第三章前两节地形、气温、降水和气候特征相关内容的学习，宋万清老师用五课时带领学生对第三节主要河流和湖泊的内容进行学习和探究。

【阶段成果与评价载体】

教学过程照片。

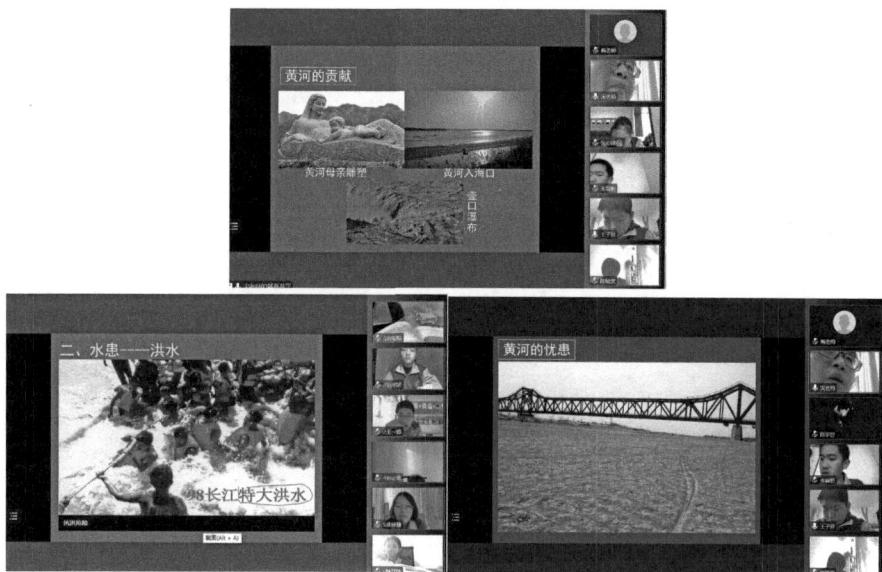

图5　教学过程照片——网课截图

【评价量规】

学生自评、教师评价。

【设计意图】

通过系统学习，知道我国主要河流，能够说出长江、黄河的主要水文特征以及对社会经济发展的影响。让学生对两大母亲河有更深入的了解，能够用辩证的角度去认识河流对社会经济发展的影响。

（四）分解驱动问题3（持续时间：1课时）

大运河有哪些重要历史意义？永定河为何被称为北京的母亲河？

【学生活动】

搜集关于河流的历史沿革，用地理的视角帮助学生了解大运河、永定河的"前世今生"。

【阶段成果与评价载体】

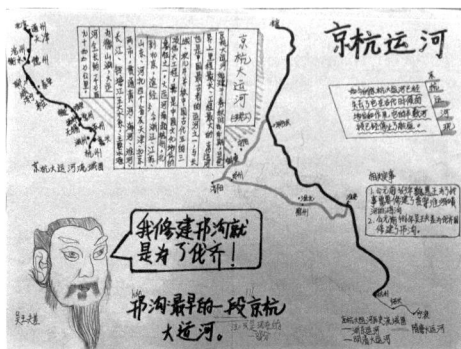

图 6 京杭运河手抄报

大运河、永定河介绍手抄报、视频资料。

【评价量规】

表 4 "河流绘制示意图"类作品评价表

评价等级	求知力	表达力	创造力
优秀 （9—10分）	自主探究河流相关内容具体、内容的贴合度较好	河流绘制的完整性高；干支流清晰，且包含湖泊内容；上中下游分界线清晰	包含河流内容完整的文字叙述，河流设计图协调性高，真实性强
较好 （6—8分）	自主探究河流相关内容比较具体、内容的贴合度好	河流绘制具有一定完整性；干支流绘制较清晰；具有上中下游分界线	包含河流内容的文字叙述，有一定的河流设计图协调性，有一定的真实性
待改进 （2—5分）	自主探究河流相关内容不完整、内容有一定贴合度	河流绘制内容不完整；干支流描述不清晰，不包含湖泊内容；无清晰的上中下游分界线	缺少对河流内容的文字叙述，河流设计图协调性差，与实际情况有偏差
学生自评		小组评价		教师评价	

【设计意图】

学生能够初步认识地理环境是人类生存的基础，人类活动深刻影响着地理环境，协调人地关系是人类社会可持续发展的必然选择。

（五）分解驱动问题4（持续时间：1课时）

保护"母亲河"，我们可以做什么？

【学生活动】

通过资料收集、线上研学考察、调查访谈、社团活动，从运河历史、民俗民风、名人先贤、艺术文化等方面出发，在以下任务中任选其一进行研究性学习：

1.绘制一幅有关运河或者永定河的画作，要求写好自己的班级姓名。

2.绘制一幅有关京杭大运河或者永定河的手抄报，纸张要求A4纸大小。

3.录制一段制作漕运文化美食的视频。

4.剪辑一段京杭大运河或者永定河文化的介绍视频，自己给视频配音解说。

5.制作有关京杭大运河或者永定河的模型，或者相关文化古迹，如纸伞、船等。

6.查找相关资料，谈谈我国保护长江、黄河的举措、制度有哪些？

7.谈谈保护长江、黄河我们可以做些什么？

8.请写一份关于保护长江、黄河的倡议书（不少于100字）。

9.假如你是政协委员，请完成一份关于保护京杭大运河的提案。

【阶段成果与评价载体】

绘画作品、大运河/永定河文化视频介绍、大运河模型、传统文化手工作品等。

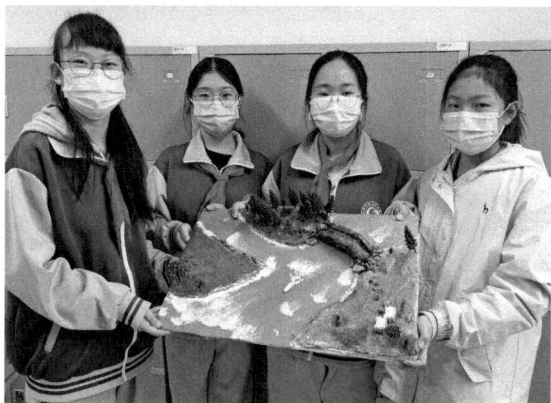

图7　学生制作的京杭运河模型

图 8　京杭运河绘画作品　　　　　　图 9　京杭运河绘画作品

【评价量规】

表 5　"河流美术绘画"类作品评价表

评价等级	求知力	表达力	创造力
优秀 （9—10 分）	1. 所选内容完全符合自己的特长。 2. 能从多个角度展示所选河流，内容全面完整。	1. 河流绘制的完整性高。 2. 表述清晰准确、形象，用词得当，合理使用历史真实情况。	包含河流内容完整的文字叙述，河流设计图协调性高，真实性强
较好 （6—8 分）	1. 所选内容比较符合自己的特长。 2. 能从 1—2 个角度展示所选河流，内容基本完整。	1. 河流绘制较为完整。 2. 表述较为准确、形象，用词得当，合理使用历史真实情况。	包含河流内容的文字叙述，河流设计图有一定的协调性，有一定的真实性
待改进 （2—5 分）	1. 所选内容基本符合自己的特长。 2. 能从 1 个角度展示所选河流，内容完整度不高。	1. 河流绘制不完整。 2. 表述较为准确、形象，用词得当，不符合历史真实情况。	缺少对河流内容的文字叙述，河流设计图协调性差，与实际情况有偏差
学生自评		小组评价	教师评价

表 6　"讲解视频"类作品评价表

评价等级	求知力	表达力	创造力
优秀 （9—10 分）	自主探究河流相关内容具体、视频与内容的贴合度好	视频讲解内容的完整性高；语言表达清晰，且讲解生动；形式多样	视频包含对河流内容完整的语言叙述，视频画面设置及展示清晰度高
较好 （6—8 分）	自主探究河流相关内容比较具体、视频与内容的贴合度较好	视频讲解内容具有一定完整性；语言表达较清晰	视频包含对河流内容的语言叙述，视频画面设置及展示清晰度一般
待改进 （2—5 分）	自主探究河流相关内容不完整、视频内容有一定贴合度	视频讲解内容不完整；干支流描述不清晰，语言表达不清晰	视频缺少对河流内容的文字叙述，视频画面设置及展示清晰度较差
学生自评		小组评价	教师评价

表 7　"河流保护"文字类作品评价表

评价等级	求知力	表达力	创造力
优秀 （9—10分）	自主探究河流保护相关内容具体；指向明确，符合生态文明	格式正确规范；语言表达清晰；层次分明	关注生活实际；能对河流保护提出明确建议，可操作性强；思维开阔有高度
较好 （6—8分）	自主探究河流保护相关内容比较具体；指向比较明确，基本符合生态文明	格式比较正确规范；语言表达比较清晰；层次比较分明	部分关注生活实际；对保护河流提出的建议比较明确，可操作性比较强；思维比较开阔有高度
待改进 （2—5分）	自主探究河流保护相关内容不具体；指向不明确，不符合生态文明	格式不正确规范；语言表达混乱；层次不分明	没有联系生活实际；未能对河流保护提出明确建议，可操作性不强；思维狭隘无高度
学生自评		小组评价		教师评价	

表 8　手工模型作品评价表

评价等级	求知力	表达力	创造力
优秀 （9—10分）	自主探究河流相关内容具体、作品与内容的贴合度好	作品展现河流内容的完整性高；手工作品生动逼真；非常符合河流相关特征	作品包含对河流内容完整的展示，作品设计及展示清晰度高
较好 （6—8分）	自主探究河流相关内容比较具体、作品与内容的贴合度较好	作品展现河流内容具有一定完整性；手工作品形象；较符合河流相关特征	作品对河流内容的展示较完整，作品设计及展示清晰度较高
待改进 （2—5分）	自主探究河流相关内容不完整、作品内容有一定贴合度	作品展现河流内容不太完整；手工作品较形象；河流相关特征符合度较低	作品对河流内容的展示不完整，作品设计及展示清晰度有待提高
学生自评		小组评价		教师评价	

【设计意图】

通过研究性学习，加深对运河、永定河历史文化、家乡地域文化的认识和理解，可激发爱家乡、爱祖国的情怀，激活学生的学习内驱力，改变学习方式，学以致用，促进学生德智体美劳全面发展。通过挖掘运河（通州段）、永定河的教育教学资源，从运河历史、民俗民风、名人先贤、艺术文化等方面出发，打破学科边界，可促进学科间相互渗透，构建具有时代特色、运河特色的研究性学习课程。

（六）成果展示（持续时间：5天）

将学生作品（手抄报、河流介绍视频、大运河模型、大运河绘画作品）放在一楼大厅展示。

【学生活动】

宣传本次活动，组织其他同学观看成果，并说出自己的心得体会。

【阶段成果与评价载体】

手抄报、河流介绍视频、大运河模型、大运河绘画作品。

图 10　京杭运河手抄报

图 11　京杭运河手抄报

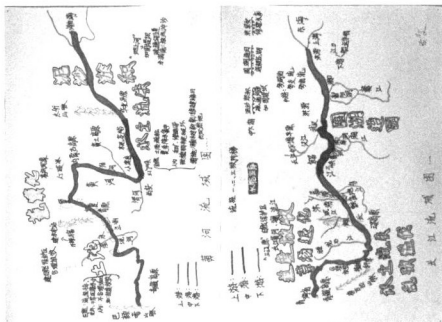

图 12　学生手绘长江、黄河流域图

图 13　京杭运河绘画作品

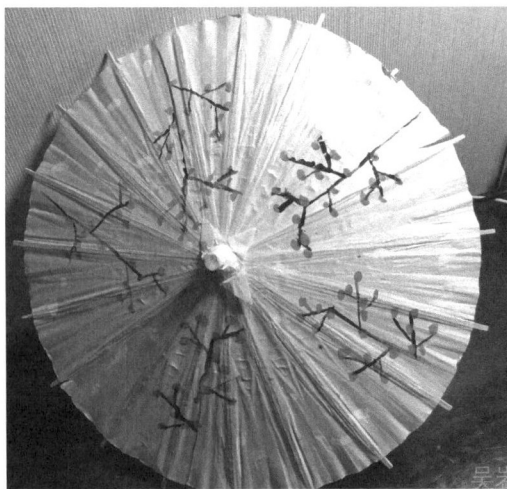

图 14　京杭运河手工作品

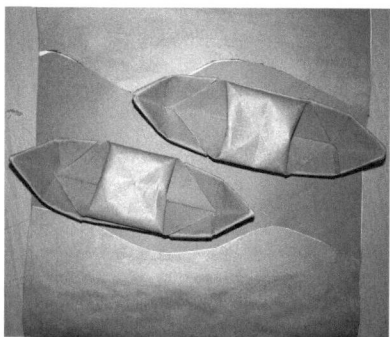

图 15　京杭运河上的船手工模型

图 16　京杭运河手工模型

图 17　京杭运河绘画作品

图 18　京杭运河手工模型

图 19　京杭运河手工模型

图 20　京杭运河上的船手工模型

【评价量规】

见以上评价量表

【设计意图】

通过宣传本次活动，提升学生的获得感和荣誉感。

（七）项目反思（持续时间：1课时）

进行项目总结

【学生活动】

谈谈这次项目式学习的收获。

【阶段成果与评价载体】

项目式学习活动反思。

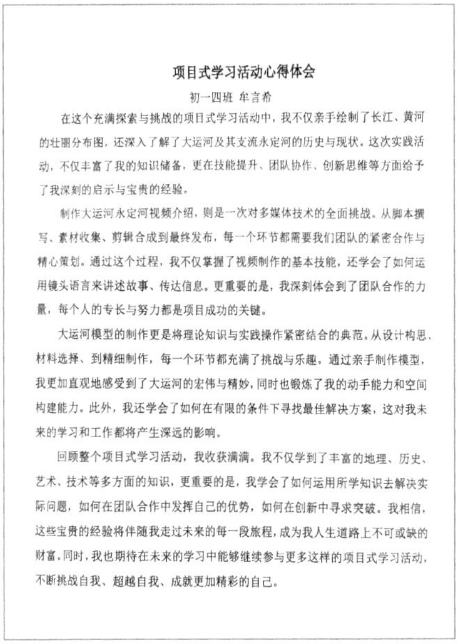

项目式学习活动心得体会

初一四班 牟言希

在这个充满探索与挑战的项目式学习活动中，我不仅亲手绘制了长江、黄河的壮丽分布图，还深入了解了大运河及其支流永定河的历史与现状。这次实践活动，不仅丰富了我的知识储备，更在技能提升、团队协作、创新思维等方面给予了我深刻的启示与宝贵的经验。

制作大运河永定河视频介绍，则是一次对多媒体技术的全面挑战。从脚本撰写、素材收集、剪辑合成到最终发布，每一个环节都需要我们团队的紧密合作与精心策划，通过这个过程，我不仅掌握了视频制作的基本技能，学会了如何运用镜头语言来讲述故事、传达信息，更重要的是，我深刻体会到了团队合作的力量，每个人的专长与努力都是项目成功的关键。

大运河模型的制作更是将理论知识与实践操作紧密结合的典范。从设计构思、材料选择，到精细制作，每一个环节都充满了挑战与乐趣。通过亲手制作模型，我更加真切地感受到了大运河的宏伟与精妙，同时也锻炼了我的动手能力和空间构建能力。此外，我还学会了如何在有限的条件下寻找最佳解决方案，这对我未来的学习和工作都将产生深远的影响。

回顾整个项目式活动，我收获满满。我不仅学到了丰富的地理、历史、艺术、技术等多方面的知识，更重要的是，我学会了如何运用所学知识去解决实际问题，如何在团队合作中发挥自己的优势，如何在创新中寻求突破。我相信，这些宝贵的经验将伴随我走近未来的每一段旅程，成为我人生道路上不可或缺的财富。同时，我也期待在未来的学习中能够继续参与更多这样的项目式学习活动，不断挑战自我、超越自我、成就更加精彩的自己。

项目式学习活动心得体会：手绘江河之旅与运河文化的深度探索

初一三班 吴岩松

在这个充满探索与挑战的项目式活动中，我仿佛踏上了一场穿越时空的旅行，不仅亲手绘制了长江、黄河的壮丽分布图，还深入了解了作为中华文明重要象征的大运河及其支流永定河的历史与现状。这一系列的实践活动，不仅丰富了我的知识储备，更在技能提升、团队协作、创新思维等方面给予了我深刻的启示与宝贵的经验。

一、手绘地图：地理知识的直观呈现

首先，手绘长江黄河分布图的过程，让我对这两条中华民族的母亲河有了更加直观和深刻的认识，通过查阅资料、比对地图、精细描绘，我逐渐在脑海中构建起了它们蜿蜒曲折的轮廓，以及沿途的自然风光、人文景观。这一过程中，我不仅巩固了地理知识，还学会了如何将复杂的信息通过简洁明了的图像表达出来，这对于提升我的信息整合能力和空间想象能力大有裨益。

二、艺术创作：运河文化的独特魅力

在绘制大运河相关美术作品时，我更是被其深厚的文化底蕴所震撼。大运河，这条连接南北的水上动脉，见证了无数朝代的更迭与文化的交融，我尝试通过不同的艺术手法，如水彩、素描等，来展现它的历史沧桑与现代风貌。这一过程中，我不仅提高了绘画技巧，更重要的是，我深刻体会到了艺术作品在传承和弘扬文化遗产中的重要作用。同时，我也学会了如何在创作中融入自己的情感与思考，使作品更加生动且富有内涵。

三、总结与展望

回顾整个项目式活动，我收获满满。我不仅学到了丰富的地理、历史、艺术、技术等多方面的知识，更重要的是，我学会了如何运用所学知识去解决实际问题，如何在团队合作中发挥自己的优势，如何在创新中寻求突破。我相信，这些宝贵的经验将伴随我走近未来的每一段旅程，成为我人生道路上不可或缺的财富。同时，我也期待在未来的学习中能够继续参与更多这样的项目式学习活动，不断挑战自我、超越自我、成就更加精彩的自己。

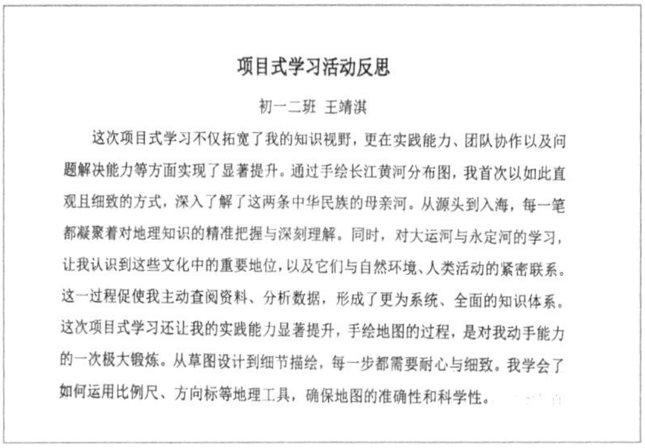

项目式学习活动反思

初一二班 王靖淇

这次项目式学习不仅拓宽了我的知识视野，更在实践能力、团队协作以及问题解决能力等方面实现了显著提升。通过手绘长江黄河分布图，我首次以如此直观且细致的方式，深入了解了这两条中华民族的母亲河。从源头到入海，每一笔都凝聚着对地理知识的精准把握与深刻理解。同时，对大运河与永定河的学习，让我认识到这些文化的重要地位，以及它们与自然环境、人类活动的紧密联系。这一过程促使我主动查阅资料、分析数据，形成了更为系统、全面的知识体系。这次项目式学习还让我的实践能力显著提升，手绘地图的过程，是对我动手能力的一次极大锻炼。从草图设计到细节描绘，每一步都需要耐心与细致。我学会了如何运用比例尺、方向标等地理工具，确保地图的准确性和科学性。

图21 学生项目式学习活动反思照片

【评价量规】

学生自评、教师评价。

【设计意图】

通过反思，学生总结本次活动的不足，以期在今后的项目式活动中能够不断提升自己的领导力、语言表达能力、小组合作能力等。

六、项目成果

手绘长江黄河分布图——基于项目式学习的初中河流研学案例设计；

长江、黄河分布图；

大运河、永定河分布图；

大运河、永定河介绍视频；

大运河模型；

大运河文创手工作品。

七、总结反思

目前，项目式学习在我国仍属于一种较新的教学模式，这种新的学习模式突出了以学生为主体的学习，倡导学生积极参与，通过亲身实践来完成项目，获得知识和培养核心素养。在本次项目式学习中，从学生较为了解的长江、黄河出发，结合地理新课标，选择学生感兴趣的项目主题，共同制订项目实施的计划。在项目启动后，学生通过小组合作的方式积极地查找资料、搜集资料、进行项目作品的制作，进行项目作品的交流展示。通过本次项目式学习，有利于提高学生的地理学习兴趣，培养学生的信息搜集信息筛选能力、动手操作创新能力、交流合作能力，培养学生在未来社会所需要的技能。这种从项目主题的确定、项目计划的制订、项目的开展实施、项目作品的制作到项目作品的展示评价都需要学生参与的教学模式，可以在一定程度上改变如今地理教学中存在的一些不足，优化地理教学模式。

初中阶段的地理核心素养是基于初中学生的认知水平，包括人地协调观、综合思维、区域认知、地理实践力四个部分。在本次项目式学习中，需要学生走出课堂，自主查阅相关资料，发现并解决地理问题，学生在与同伴的合作交流探究过程中完成一系列的任务，最终完成项目作品，有利于培养学生的人地协调观、综合思维和地理实践力。在本次项目式学习的最后，学生最终的作品是需要公开展出的，学生在介绍自己的项目作品时，需要用准确的地理术语进行书面或者口头描述，有利于培养学生的地理表达素养。学生通过本次项目式学习提高了沟通合作能力、自我管理、创造创新、审美情趣等社会发展所需要的技能，有利于促进学生的全面发展，进一步培养学生的核心素养。

　　总的来说，这次项目式学习也是地理跨学科的一次尝试，在这个过程中，我们老师也学会了放手，从"演员"转变为"导演"，给学生提供了更多的发挥空间和展示平台，最后也收获了学生给我们带来的很多意想不到的惊喜。当然，也有一点小小的遗憾，受疫情影响，有些同学需要的原材料无法送达，模型作品没有办法给大家呈现，不然，成果形式还会更多样化。

寻次渠的过去，探未来的次渠

项目名称	寻次渠的过去，探未来的次渠
核心驱动问题	寻次渠的过去，探未来的次渠——认同和理解国家规划
项目时长	半年
开展年级	初一年级
涉及学科	历史、道德与法治、语文
项目最终成果	《次渠地区村落发展梳理浅述》
案例作者	郝金慧、张闻闻、黄海英

一、项目介绍

以大运河为标志的大运河文化带蕴含着极为丰富的文化遗产，有待我们继续发掘、研究和传承。历史教学活动中，应积极开发利用社会资源。社会资源包括乡土历史文化资源等。社会资源的开发利用可以拓宽学生视野，引导学生关注历史与现实的联系。让学生在行走中了解家乡、了解中华文化，将课堂知识与社会实际生活相联系，真实地感知历史，切实提高学生的核心素养。

二、学情分析

根据 2023 年 9 月对我校初二年级 140 余名学生进行问卷调查发现：有95.3％的学生对次渠历史感兴趣；有 73.5％的中学生不知道次渠的变迁；有62.62％的学生不知道次渠发展与国家发展的联系。

基于以上学情，依据 2022 年版新的学科课标要求，我们将学习主题确定为"寻次渠的过去，探未来的次渠"。以课内历史、道德与法治、语文为基础，围绕从次渠变迁看社会变化的主题，创设具体的实践活动情境，拓宽学科学习和场域，基于真实情境问题解决激发学习动机，提升学习参与度，与生活实际相关联的情境问题更能激发学生的好奇心和求知欲，基于真实情境的挑战性问题解决或任务驱动更能引起学生的注意，使其提高专注度。有学习兴趣才能持续学习，因此问题设置是提高学生学习参与度的关键。而带着课堂核心问题或者驱动任务完成知识的再建构，可促使学生对知识形成关联认识和深度理解。我们并非要求学生真要像史学家那样走完"思考全过程"，而是体会史学家"思考过程"的思维路径，形成"像史学家那样思考"体验和意识。

三、项目目标

表 1　项目目标量化表

涉及学科	学科核心素养	学业发展目标	项目目标
历史	时空观念、家国情怀、历史解释	依据对应学科课标，完成对主干史实的理解和学科核心素养的落实。	跨学科综合性融合各学科知识，提升逻辑思维能力，提升学习的能力。其特征是学生能超越教材或者教师提供的学习材料，生成新知识，如画概念图或示意图，自我解释或通过实例具体解释文本，自我解释或通过实例具体解释样例中的解法，引发问题、提供证明、形成假设、比较或对照等。培养学生形成自己的独立见解，超出教材本身或者在教材中没有明确得到解释的理解。师生共同创设问题情境，以问题的发现、探究和解决来激发学生求知欲和主体意识，培养学生的实践和创新能力的一种教学模式。
道德与法治	政治认同	在问题情境的引导下，学生收集素材，深思酝酿，提出假设，引发争论，进行批判性思考和实践探究，得出结论；通过应用又产生新的问题，使学生思维不断得以发展和升华。	
语文	文化自信、语言运用、审美创造	让学生在展示中不断通过质疑、评价发生思维碰撞，在交流中创生更多的想法和建议，进而重构并完善自己的知识框架和技能方法。	

四、分解驱动问题

表 2　驱动问题分解表

核心驱动问题	项目成果		
如何以次渠村落的产生与发展为背景，撰写次渠地区城市规划展望图。	《次渠地区村落发展梳理浅述》		
分解驱动问题	项目活动	评价载体	评价方式
次渠地区各个自然村名字的由来	在项目之初，让学生了解自己生活的次渠的发展历史，并逐步学会史学研究的简单方法。进而知道史论的关系，即：论从史出，试论结合。让每个学生在人文底蕴上都有提高。	学生自主对家乡历史、文化生活的资料搜集和整理撰写小论文。	自我反思师生评价生生评价
次渠地区在首都发展建设布局中有怎样的地位？	在项目进行过程中，倡导学生乃至学生家长的参与，提倡自主学习、合作学习、探究学习，引导学生亲自考察、收集资料，主动探究、合作交流，并能进行较为全面的比较、概括和阐释。通过师生共同参与校本课程的开发，以学生发展为本，构建动态的、个性的学习内容和方法。	运用历史、道德与法治、语文等相关知识，展开活动，具体活动任务清单。	自我反思师生评价生生评价
次渠地区村面临着拆迁的命运。拆迁结束后，这些昔日的村落就要消失了。如何把家乡作为课堂，在身边寻找感悟，让遗产保留下来？	项目结束之际，次渠地区的自然村曾经有 25 个，随着首都建设的需要，次渠这 25 个村面临着拆迁的命运。拆迁结束后，这些昔日的村落就要消失了。我们搜集整理这些村名字的由来，坚守让学生"把家乡作为课堂，在身边寻找感悟，让遗产成为教育"的原则，让学生了解家乡，热爱家乡。	宣传本次活动，提升学生的获得感和荣誉感	生生评价

五、项目式学习实施过程与评价方案

（一）入项活动（持续时间：1 节课）

活动一：收集整合次渠地区的老照片和相关书籍资料。

【学生活动】

课前次渠地区各个自然村的调查研究，筛选出具有代表性的自然村自我探究学习。

【设计意图】

学生基于《次渠地理图鉴》和七年级《历史》教材以及网络，以"次渠古村落调研"这一主题搜集整理关于次渠古村落的数量调查和历史沿革。

（二）分解驱动问题 1（持续时间：3 节课）

次渠地区各个自然村名字的由来。

【学生活动】

基于主题对身边熟悉的次渠地区老人和家人进行口述历史的采访和记录。

【阶段成果与评价载体】

收集整合次渠地区的老照片和相关书籍资料，以小论文的形式总结自己的探究成果。

图 1　师生一起做项目式活动的准备工作——分工

图 2　分组后各组开始确定各自的任务

图 3　项目组成员一起交流

【评价量规】

表3　"次渠自然村落发展小论文"作品评价表

评价等级	求知力	表达力	创造力
优秀 （9—10分）	自主探究次渠内容具体、内容的贴合度较好，主题明确。	论文内容全面；突出次渠文化主题和特色；准确说出次渠特点、结构、与文化生活的关联性。	条理清晰，与次渠经济政治背景相关联；用历史性的语言进行叙述。
较好 （6—8分）	自主探究次渠文化比较具体、内容的贴合度好。	总结出次渠结构和特点，能较流畅地表达出观点。	内容详实、准确，主题突出，有一定的结构。
待改进 （2—5分）	自主探究次渠内容不完整、内容有一定贴合度。	次渠文化结构内容不全面；主题结构不明确。	内容不全面，主题不清晰，结构不完整，缺乏历史语言。
学生自评	小组评价	教师评价	

【设计意图】

教学设计者要用逆向设计的思维来进行教学设计，并将评价贯穿始终。项目式评价需要用过程性、总结性的评价策略及多元主体参与的评价方法来探查学生在项目化学习过程中的探究深度，教师应引导学生对自己和同伴的成果进行分析评价，以提高学生的反思能力，促进深度学习。

（三）分解驱动问题2（持续时间：3节课）

次渠地区在首都发展建设布局中有怎样的地位？

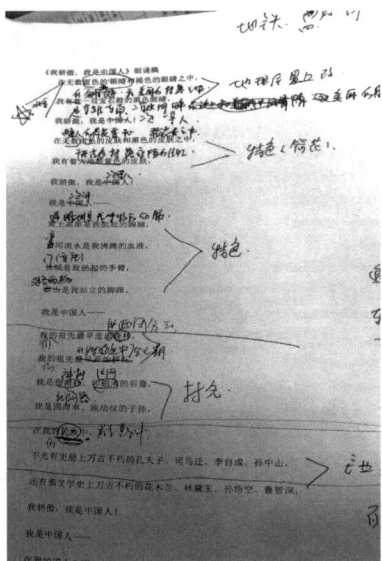

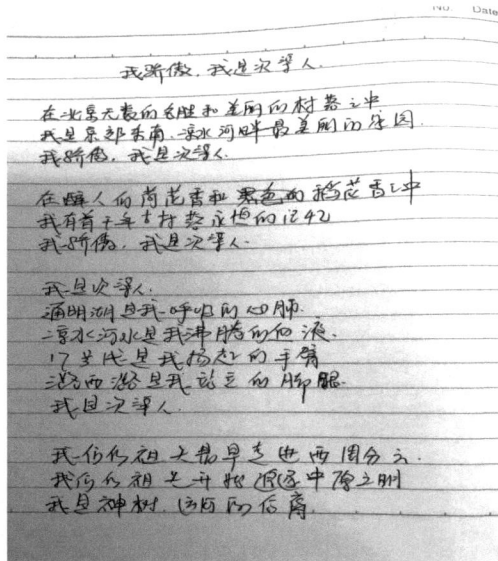

图4　学生改创《我骄傲，我是次渠人》　　　图5　《我骄傲，我是次渠人》

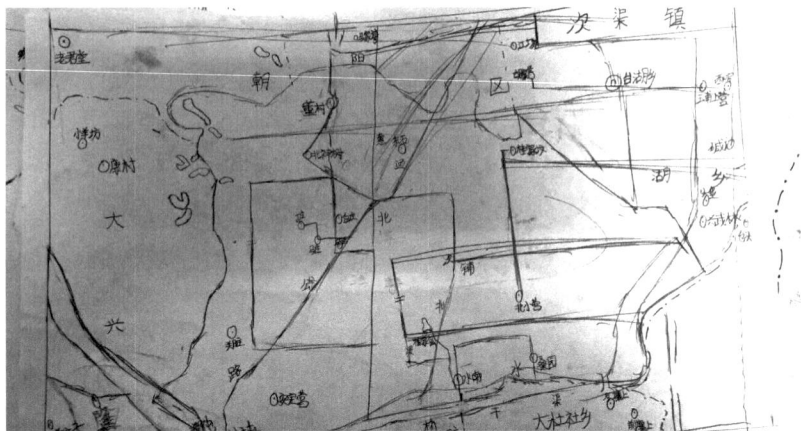

图 6　学生绘制的次渠地区行政图

（四）分解驱动问题 3（持续时间：3 节课）

次渠地区村面临着拆迁的命运。拆迁结束后，这些昔日的村落就要消失了。如何把家乡作为课堂，在身边寻找感悟，让遗产保留下来？

（五）成果展示（持续时间：3 节课）

交流，制作 PPT。

【学生活动】

在校内、校外的真实环境下，运用所学知识与对生活的理解相联系，体会和感受历史与现实之间的关联，增强中华传统文化的自豪感和认同感。师生共同参与校本课程的开发，以学生发展为本，构建动态的、个性的学习内容和方法。

【阶段成果与评价载体】

图 7　学生开展问题驱动下的活动

图 8　学生做项目式活动的总结

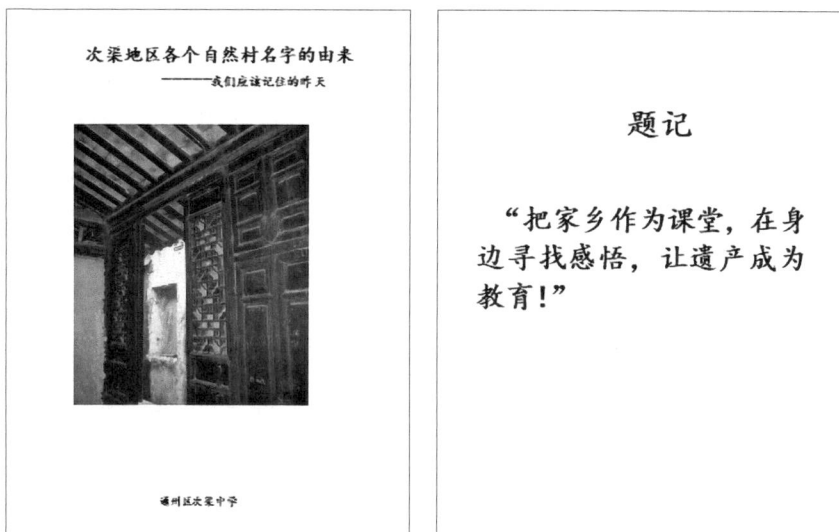

图9　师生共同完成的阶段性成果

【评价量规】

略

【设计意图】

考虑到本校所处地区、教师、学生的实际情况，在选择本跨学科主题学习活动的成果、材料获取、活动方式、评价方式等方面时，以具有可操作性为主要着手点。

六、项目成果

《次渠地区村落发展梳理浅述》。

七、总结反思

在本次项目式学习中，从学生较为感兴趣的家乡美食入手，通过归纳整理次渠的图片和文字发展的资料，培养学生查阅文献资料的能力。在阅读的过程中，培养学生阅读能力、筛选信息的能力。激发学生的兴趣，创造历史情境，拉近学生与历史的距离。

学生通过搜集照片、文献资料，培养了动手和动脑能力。在分工合作中激发学生合作探究的能力，体会古人的智慧和家乡文化的深厚底蕴。在历史基础知识学习的基础上，利用已有知识对次渠宋代地区文化和社会生活进行重新建构整合，利用语文写作课的写作培养，进行剧本的设计和书写。发挥学生的想象力和创造力，在历史唯物主义和时空观念的框架下，对已有知识进行历史解释，形成自主建构知识的能力。

围绕次渠近现代来的变迁，尤其是近几年拆迁后次渠的变迁，开展深入探究、了解相关的历史事件、地理风土人情等，以及背后体现的政治价值和物质基础。进一步发展学生核心素养，促进学生历史学习方式的转变，同时借助不同课程所学知识和方法，初步养成多角度分析问题和解决问题的能力。加强学生运用多学科的知识与技能进行综合探究的能力。通过开展对宋朝饮食问题探究的综合实践活动，进而提高学生史料实证、历史解释、家国情怀、唯物史观等的综合素养，进而认同和理解国家规划。

用英语讲好中国故事，向世界阐释中国文化

项目名称	用英语讲好中国故事，向世界阐释中国文化
核心驱动问题	如何用英语讲好中国故事？
项目时长	25 天
开展年级	初一、初二年级
涉及学科	英语、语文
项目最终成果	《新守株待兔》英文话剧
案例作者	张玥、王芳、李军

一、项目介绍

习近平总书记指出，讲中国故事是时代命题，讲好中国故事是时代使命。在文化自信的时代背景下，积极主动地用英语向世界介绍中国，讲好中国故事，传递中国声音，是对习近平总书记2021年在中共中央政治局第三十次集体学习时提出的"向世界阐释推介更多具有中国特色、体现中国精神、蕴藏中国智慧的优秀文化"重要表述的深入贯彻和践行。我们将学习主题定为"用英语讲好中国故事，向世界阐释中国文化"，以英语、语文为学科基础，设置具体的实践活动情境，拓宽学科学习和运用场域，以活动任务引领，推动学生自主学习、合作探究，围绕英语学科学习，开展阅读、梳理、探究、创作、展示等活动。学生在活动中深度学习，发展交流合作探究等实践能力，全面提升学生核心素养。

二、学情分析

文化认同是个体在特定文化背景中形成的自我认同感。在跨文化交流中，文化认同对于建立良好的人际关系具有重要作用。通过讲述中国故事，可以帮助学生更好地理解中国文化，增强他们的文化自信，从而在跨文化交流中更加得心应手。

语言是文化的重要组成部分，是文化传承和表达的工具。语言与文化相互依存，密不可分。在英语教学中，通过讲述中国故事，可以帮助学生更好地理解汉语和汉文化的特点，从而更好地掌握英语这门语言。

教育国际化是当今世界教育发展的趋势之一。跨文化交流能力的培养已经成为教育国际化的重要目标之一。通过讲述中国故事，可以培养学生的跨文化交流能力，使他们更好地适应教育国际化的要求。

三、项目目标

中国传统故事是中国历史传统文化的积淀，传承中华优秀传统文化，用英语向世界讲好中国故事是青少年的责任和使命。用英语讲好中国故事，既符合新课标中对文化意识的培养要求，又能增强学生的民族文化自信，从而点燃向世界传递中国声音的热情。

语言能力、文化意识、思维品质和学习能力是英语学科核心素养的四个方面，它们相互渗透、融合互动、协同发展。如何提高学生的英语学科核心素养？《义务教育英语课程标准（2022年版）》（以下简称《课程标准》）指出：围绕课程内容，通过学习理解、应用实践、迁移创新等活动，推动学生核心素养在义务教育全程中持续发展；鼓励学生在积极的语言实践活动中发展语言能力、培育文化意识、提升思维品质、提高学习能力；根据认知特点，围绕语篇主题意义设计逻辑关联的多感官参与的语言实践活动，以学生为主体，让他们体验多样化的语言实践活动，让英语学习真正发生。

表 1　项目目标量化表

涉及学科	学科核心素养	学业发展目标	项目目标
英语	语言能力	发展语言能力。能够在感知、体验、积累和运用等语言实践活动中，认识英语与汉语的异同，逐步形成语言意识、积累语言经验，进行有意义的沟通与交流。	1. 以《课程标准》和英语学科核心素养为理论依据，以"人与社会"为主题范畴设计和开展的"用英语演绎中国故事《守株待兔》"的项目化学习，使英语课程和话剧表演课程相融合，强调"从做中学、从学中得"，旨在通过实践培养学生的英语学习兴趣，提高其语言学习能力、合作能力和思维品质，促进其文化素养的提升。
英语	文化意识	培育文化意识。能够了解不同国家的优秀文明成果，比较中外文化的异同，发展跨文化沟通与交流的能力，形成健康向上的审美情趣和正确的价值观；加深对中华文化的理解和认同，树立国际视野，坚定文化自信。	2. 学生能在话剧表演，即真实的情境中参与语言实践活动，有效运用英语。
语文	文化自信	认识中华文化的丰厚博大，汲取智慧，弘扬社会主义先进文化、革命文化、中华优秀传统文化，建立文化自信。在学习过程中，逐步形成正确的世界观、人生观、价值观。	3. 学生在自主阅读话剧文本的前提下，基于教师指导，体验、理解和逐步内化话剧文本的特点，语音的重要意义，语言表达的意图和态度、文化及情感价值，并通过探究和合作的学习方式，将内化的知识和技能以话剧的形式呈现在舞台上。

四、分解驱动问题

表 2　驱动问题分解表

核心驱动问题	项目成果		
如何用英语讲好中国故事	新守株待兔英文话剧		
分解驱动问题	项目活动	评价载体	评价方式
通过自主阅读，如何提取有用的信息（话剧的发展和起伏），并在已有知识和技能、文化和情感背景下，进行文本创编。	学生尝试发现语篇中事件的发展，辨识信息，并对语篇进行改编或创编，提升其思维品质。	书写话剧构成要素清单	①教师及时反馈；②评价表
如何确定原创英语剧本，构建舞台，排演话剧。	学生与同伴合作设计、构建舞台，体验排演过程。	确定话剧剧本	评价表
如何演绎话剧、录制话剧、评价话剧，体验英语在《新守株待兔》话剧中的运用。	让学生了解话剧表演的基本要素。	表演话剧	评价表

五、项目式学习实施过程与评价方案

（一）入项活动（持续时间：1 节课）

学习优秀的话剧案例。

【学生活动】

通过观看优秀的话剧案例，帮助学生把握英语话剧的特点和项目主题，明确话剧的构成要素，以及各要素的创作要点。

【设计意图】

源于学生实际生活的主题易于激发学生的学习兴趣，提高学生的参与度与积极性。

（二）分解驱动问题 1（持续时间：6 天）

通过自主阅读，发现话剧的发展和起伏，如何提取有用的信息，并在已有知识和技能、文化和情感背景下，进行文本创编。

【学生活动】

学生在教师组织下研读语篇，提取相关信息，思考并交流怎样将《新守株待兔》完整剧目浓缩到 10 分钟，分出重点场景。在此基础上，通过影视资料展示、"头脑风暴"等方式，激活学生关于《新守株待兔》的已有知识和经验，让其思考并进行话剧文本的创作。学生与同伴合作，从多维度（比较剧本台词、分析角色性格、探讨故事情节等）构建完整剧情，尝试用地道的英语创编《新守株待兔》剧本。

【确定任务小组】

表 3　项目成员职能分工表

组名	主要职责	特长	人员数量
总策划组	制定全流程方案，预设问题的解决办法，统筹安排各小组任务	策划	2
话剧文本阅读、提取信息	调研话剧将涉及的典型人物	沟通能力强	1
话剧创编	为话剧创作剧本	写作能力强	2
设计场景、幕布	为话剧配乐	写作、音乐能力强	2
话剧排练	负责话剧的场景拍摄和后期制作	计算机、动手能力强	2
话剧录制、评价和反思	为拍摄活动做好后勤保障工作	执行能力、协调能力强	1

【阶段成果与评价载体】

《新守株待兔》话剧创作计划

【评价量规】

表4　评价量规表

评价维度	项目分类	层级一	层级二	层级三
语言能力	情感	共情	真实	平淡
	语言	自然、得体、流畅	自然、流畅	流畅
思维能力	文本理解	深度理解	理解	基本理解
	问题解决	有效解决	解决	基本解决
创造能力	剧本创造	创新性强	较好创新	有创新
	舞台创造	整体协调流畅	整体协调	基本协调
实践能力	合作	协作力强	协作力高	有协作力
	表演	人物形象塑造力强	人物形象较好塑造	人物形象基本塑造

【设计意图】

让学生尝试发现语篇中事件的发展，辨识信息，并对语篇进行改编或创编，提升其思维品质。

（三）分解驱动问题2（持续时间：6天）

【学生活动】

如何确定原创英语剧本，构建舞台，排演话剧。

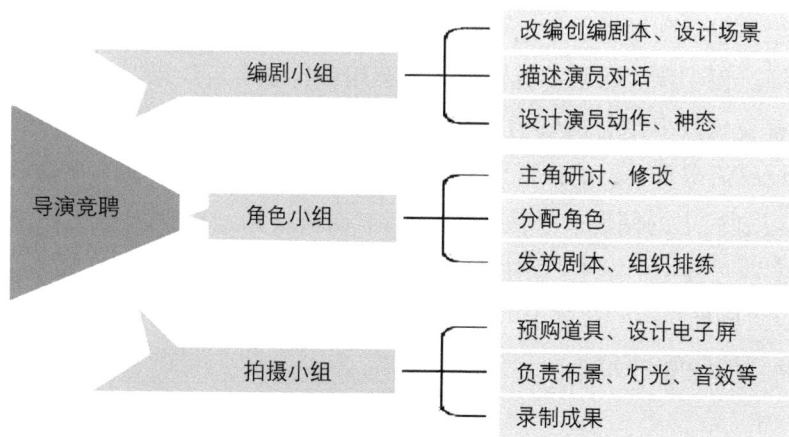

图1　项目职能分工表

【阶段成果与评价载体】

《新守株待兔》剧本

【评价量规】

表5　评价量规表

评价维度	项目分类	层级一	层级二	层级三
语言能力	情感	共情	真实	平淡
	语言	自然、得体、流畅	自然、流畅	流畅
思维能力	文本理解	深度理解	理解	基本理解
	问题解决	有效解决	解决	基本解决
创造能力	剧本创造	创新性强	较好创新	有创新
	舞台创造	整体协调流畅	整体协调	基本协调
实践能力	合作	协作力强	协作力高	有协作力
	表演	人物形象塑造力强	人物形象较好塑造	人物形象基本塑造

【设计意图】

确定原创英语剧本，构建舞台，排演话剧。学生在教师指导下，与同伴合作设计、构建舞台，体验排演过程。

（四）分解驱动问题3（持续时间：6天）

如何演绎话剧、录制话剧、评价话剧，体验英语在《新守株待兔》话剧中的运用

【学生活动】

学生布置话剧场景，学生合作演绎话剧，积极参与语言实践与互动。学生录制演绎过程、观赏话剧并剪辑视频，运用评价表赏析成果，感受英语与中华优秀传统文化故事结合的魅力。在演绎过程中，大部分学生语言自然、得体、流畅，情感流露真实，能让观众产生共情。学生能深度理解文本，有效解决项目化学习过程中的问题。学生创编的剧本创新性强，舞台创造整体协调且流畅。在实践过程中，学生团结协作，能较好地塑造人物形象。

【阶段成果与评价载体】

《新守株待兔》话剧

【评价量规】

表6　评价量规表

评价维度	项目分类	层级一	层级二	层级三
语言能力	情感	共情	真实	平淡
	语言	自然、得体、流畅	自然、流畅	流畅
思维能力	文本理解	深度理解	理解	基本理解
	问题解决	有效解决	解决	基本解决
创造能力	剧本创造	创新性强	较好创新	有创新
	舞台创造	整体协调流畅	整体协调	基本协调
实践能力	合作	协作力强	协作力高	有协作力
	表演	人物形象塑造力强	人物形象较好塑造	人物形象基本塑造

【设计意图】

让学生体验英语在《新守株待兔》话剧中的运用。

（五）成果展示（持续时间：7天）

《新守株待兔》话剧

【学生活动】

在实施过程中，教师创造性地开发和利用现实生活中鲜活的英语学习资源，让学生在创编《新守株待兔》剧本的过程中丰富语言知识，在设计场景的过程中将中国传统文化与英语相互融合、自发整合信息，培养文化自信。生动有趣的演戏环节有助于激发学生的英语学习兴趣。本项目的实施能够有效促进学生语言能力、文化意识、思维品质和学习能力等协同发展。

【阶段成果与评价载体】

《新守株待兔》话剧

【评价量规】

表7　评价量规表

评价维度	项目分类	层级一	层级二	层级三
语言能力	情感	共情	真实	平淡
	语言	自然、得体、流畅	自然、流畅	流畅
思维能力	文本理解	深度理解	理解	基本理解
	问题解决	有效解决	解决	基本解决

续表

评价维度	项目分类	层级一	层级二	层级三
创造能力	剧本创造	创新性强	较好创新	有创新
	舞台创造	整体协调流畅	整体协调	基本协调
实践能力	合作	协作力强	协作力高	有协作力
	表演	人物形象塑造力强	人物形象较好塑造	人物形象基本塑造

【设计意图】

本项目的设计体现了英语学科的特点，以提升学生的英语学科核心素养为目标。本次项目化学习活动的开展，聚焦用英语创编和演绎《新守株待兔》，帮助学生在真实情境中对英语课程工具性和人文性的统一有了更深的理解。

（六）项目反思（持续时间：1节课）

项目进行总结

【学生活动】

学生根据《观看效果调查报告》或学生反馈汇总表进行集体讨论与反思。

【阶段成果与评价载体】

《个人或小组反思报告》

【设计意图】

通过反思，学生不断优化。在项目式学习中，学生需要对复杂的问题进行分析和综合，找出问题的关键点和解决方案。这种分析与综合的过程不仅提高了学生的逻辑思维能力，还培养了他们的系统思维和全局观念。

六、总结反思

在项目式学习过程中，创新协同教师角色从"演员"转变为"导演"，从旁指导、帮助，更多是让学生自己去探索、实践，给学生提供了更多的发挥空间和展示平台。学生思维品质得以提升，课堂参与热情也很高涨。我们将以素养导向为核心，注重培养学生的综合素质和创新能力。通过项目式学习，让学生在实践中提高思维品质、增强实践能力和激发创新精神。教师在实践中加深了对项目化学习的认识，形成了教师团队的学习共同体。未来，立足素养导向和学生本位，我们将在项目式学习的道路上继续探索。

"创意中国龙"校园展板设计与展示

项目名称	"创意中国龙"校园展板设计与展示
核心驱动问题	如何设计"创意中国龙"校园展示
项目时长	2个月
开展年级	初二年级
涉及学科	美术、书法
项目最终成果	校园展板展示
案例作者	侯晓英

一、项目介绍

在历史悠久、文化璀璨的中华大地上，大运河如一条巨龙蜿蜒流淌，见证了无数文明的交融与繁荣，承载着奋斗进取、创新协同、融合共生的运河人文精神。为了深入挖掘与传承这一宝贵文化遗产，特开展"创意中国龙·运河魂"校园展板设计与展示项目式学习活动，通过学生的创意设计与展示，让运河人文精神在新时代焕发新的生机与活力。加深学生对运河历史文化的理解，弘扬运河人文精神，增强文化自信。激发学生的创新思维与审美能力，鼓励他们将传统文化元素与现代设计理念相结合。培养学生的团队协作能力，通过跨学科合作完成展板设计与展示，实践创新协同的理念。探索如何在设计中体现不同文化、艺术形式的融合，展现融合共生的美好愿景。

"创意中国龙"校园展板设计与展示，是一次对中华优秀传统文化深邃之美的致敬。在这片展板上，我们精心编织了剪纸、绘画与书法这三个中国艺术精髓的美丽篇章。

1.剪纸部分，不仅仅是对龙形的展现，更是对千百年来流传在民间艺术中的那份祥瑞寓意的传递。精巧的"福"字剪纸，犹如冬日的暖阳，照亮人们的心房。每一剪都似乎在诉说着古老的故事，唤起人们心中那份对家的眷恋和对美好生活的向往。

2. 绘画部分，以细腻的笔触勾勒出"龙"的轮廓，通过明暗的对比和线条的流畅，将素描的艺术表现力发挥得淋漓尽致。画中的"龙"仿佛跃然纸上，给人以强烈的视觉冲击。这样的设计，不仅展示了中国画追求的意境之美，更在无形中传递出中国人对自然与和谐生活的向往。

3. 书法部分，我们集结了从篆书到隶书、从行书到楷书的各种字体的"龙"字书写。这些"龙"字不仅是中国书法艺术的瑰宝，更是中华文化传承的见证。每一个字都凝聚着古人的智慧与情感，每一笔都承载着历史的厚重与文化的积淀。

整个展板，就像一部打开的中华文化百科全书，既有对传统文化的深深敬仰，也有对创新思维的积极探索。它不仅仅是一个简单的展板，更是一场关于中华文化传承与创新的对话。

二、学情分析

在"创意中国龙"校园展板设计项目中，我们进行了深入的学情分析，以确保项目的有效实施。根据分析，学生们在传统文化、创意设计及团队合作方面有一定的基础，但对于剪纸、绘画素描及书法等艺术形式的认识尚浅。

考虑到学生的实际情况，我们采取了以下措施：首先，通过开展专题讲座和培训课程，帮助学生了解剪纸、绘画素描及书法的艺术特点和技巧；其次，结合项目主题，引导学生进行小组讨论和合作，发挥各自的优势，提高团队合作能力；最后，注重教师指导的作用，加强对学生的个性化指导，及时解决学生在项目实施过程中遇到的问题。

在项目实施过程中，我们注意到以下几点注意事项：一是要关注学生的参与度，确保每个学生都能参与到项目中来；二是要注重培养学生的创新思维和创造力，鼓励他们发挥自己的想象力；三是要加强师生之间的沟通与交流，及时反馈和调整教学策略。

综上所述，"创意中国龙"校园展示项目的学情分析对于项目的顺利实施至关重要。通过深入了解学生的实际情况和需求，我们可以更好地指导他们参与项目，提高他们的综合素质和实践能力。

三、项目目标

表 1 项目目标量化表

涉及学科	学科核心素养	学业发展目标	项目目标
美术	审美感知、艺术表现、创意实践、文化理解等。	艺术素养必须经历的活动和过程。学习内容是学生在艺术实践中需要掌握并有效运用的基础知识和基本技能。学习任务是艺术实践的具体化，是学生在现实生活或特定情境中综合运用所学知识、技能等完成的项目、解决的问题等。	1. 了解中国剪纸的历史文化，了解相关的民俗文化知识，培养民族自豪感和热爱家乡的情感。 2. 学习剪纸的相关知识，认识一定的剪纸语言和表现手法，掌握一定的剪纸技法。 3. 书法要掌握汉字的结构规律等基本知识，学会使用毛笔，培养良好的书写习惯和正确的书写姿势。 4. 绘画能使用不同的工具，按照自己的想法，以平面的表现形式，表达所感所想。 5. 培养学习兴趣，受到美的熏陶和感染，提升审美、观察、动手等综合能力，锻炼学生的意志。发展学生的个性，拓展其创新能力，更多地体验成功的快乐、享受愉快的生活、培养热爱生活的情感。
书法	审美素养等	书法教育过程中所需具备的基本能力和素质。这些核心素养包括了技法技能的学习、审美能力的培养、创作能力的提高和综合素养的培养。通过培养学生的技术技能、审美能力、创作能力和综合素养，可以帮助他们全面发展，提高书法水平，增强对书法艺术的理解和欣赏。新课标书法教学核心素养的培养是书法教育的重要任务，也是提高学生整体素质的有效途径。	

四、分解驱动问题

表 2 驱动问题分解表

核心驱动问题	项目成果		
如何设计"创意中国龙"校园展板展示	"创意中国龙"校园展板展示		
分解驱动问题	项目活动	评价载体	评价方式
设计"创意中国龙"校园展板制作流程是什么	组织学生赏析不同展板的制作流程并进行总结。	制作展板的流程	①教师及时反馈；②评价表
展板要展示哪些内容	①书法：请教书法专家并进行多次练习书写"福"。 ②剪纸：收集素材，尝试多种方式练习不同龙的剪纸，最终选定合适的作品。 ③绘画：练习绘画的基本技法，构图、颜色等，参考优秀作品，完成自己的绘画作品。	①书法作品②剪纸作品③绘画作品	①教师及时反馈；②评价表
如何制作展板进行展示	集体讨论，成果总结	制作展板	评价表

五、项目式学习实施过程与评价方案

（一）入项活动（持续时间：1节课）

欣赏展板制作流程视频

【学生活动】

学生观看展板制作视频，通过视频引出活动主题概念及背景知识，帮助学生了解制作展板的流程。

【设计意图】

源于学生实际生活的主题易于激发学生学习兴趣，提高学生的参与度与积极性。

图1 授课老师在讲剪纸知识

图2 学生听教师讲授剪纸内容

图3 学生在观看视频

（二）分解驱动问题1（持续时间：5天）

设计"创意中国龙"校园展板制作流程是什么？

【学生活动】

在活动开始之初，学生通过团队合作的方式明确了共同的目标和愿景，并制订了详细的计划。为了确保任务的顺利进行，学生共同探讨并将任务分解为剪纸、绘画、书法和展示小组。在分工过程中，学生对自己的能力进行了正确的评估，并选择承担相应的责任。学生不仅自愿承担了责任，也承担了必须完成但可能并非完全自愿的任务。通过这样的分工方式，学生制作了分工表，明确了不同任务所对应的责任。重要的是，学生意识到面对责任时要及时调整自己的认知评价，以免产生懈怠和抱怨的情绪。通过这样的活动，学生不仅提高了自己的价值判断和行为选择能力，也学会了如何在团队中更好地协作，以达到共同的目标。

【确定任务小组】

表3　任务小组分工表

组名	主要职责	特长	人员数量
总策划组	制定全流程方案，预设问题的解决办法。统筹安排各小组任务。	策划	2
剪纸组	负责设计并完成剪纸作品	动手能力强，心灵手巧	4
书法组	负责设计完成"创意中国龙"书法作品	写字好	3
绘画组	负责设计完成"创意中国龙"绘画作品	绘画灵感艺术感强	2
展示组	负责完成设计展示方案和展板	策划、动手能力强，团结协作，做事踏实有条理	8

【阶段成果与评价载体】

展板制作流程

【评价量规】

表4　评价量规表

评价对象	评价指标	评价标准	评分	修改建议
展板制作流程	在制作过程中总结是否完整	5分（优秀） 3分（良好） 1分（一般）		
	制作顺序是否正确	5分（优秀） 3分（良好） 1分（一般）		
	材料选择是否合理	5分（优秀） 3分（良好） 1分（一般）		
总分				

【设计意图】

通过活动，学生知道承担责任需要不断提升自身的能力，理解在承担责任的过程中要无言代价与回报，懂得承担的过程也是自身不断获得成长的过程，力求以真实的活动给学生带来更加深刻的情感体验。

图4　学生讨论展板的内容

图5　学生设计中国龙剪纸图

图6　学生在讨论、交流

（三）分解驱动问题2（持续时间：1个月）

展板要展示哪些内容?

【学生活动】

学生在活动中，为了展板展示内容丰富多彩，查找了很多相关的资料，在剪纸、绘画、书法三个组分别做以下内容：

1.剪纸组：学生通过学习和了解剪纸的基本技巧，如折纸、剪直线、剪曲线等。他们尝试剪出各种不同形态的龙等。同时，他们还学习剪纸的文化背景和寓意。

2.绘画组：学生通过学习和了解绘画的基本技巧，如线条画、素描、色彩运用等。他们尝试画出不同形态的龙等。同时，他们还学习绘画的艺术风格和表现形式。

3.书法组：学生通过学习书法的书写技巧，如笔画、结构、章法等。他们尝试书写不同的字体，如楷书、行书、隶书等。学习书法"龙"字的不同的字体，了解文化内涵和美学价值。

在活动中，学生实践和体验，通过亲自动手操作来提升自己的技能和能力。同时学生还注重思考和创新，尝试探索新的技巧和表现形式，培养自己的艺术审美和创造力。

【阶段成果与评价载体】

1.剪纸作品。

2.绘画作品。

3.书法作品。

【评价量规】

表5 评价量规表

评价对象	评价指标	评价标准	评分	修改建议
剪纸作品	剪工精细，线条流畅； 符合主题内容； 作品完整，无瑕疵。	5分（优秀） 3分（良好） 1分（一般）		
绘画作品	色彩运用得当，富有层次感； 主题鲜明，情感表达准确； 细节处理到位，整体协调。			
书法作品	笔画流畅，有力道； 字形结构合理，重心稳定； 作品的整体布局合理			

【设计意图】

学生通过剪纸、绘画、书法等艺术活动，不仅能够培养自己的创造力和审美能力，还可以在制作过程中培养自己的专注力和耐心。在剪纸中，学生需要仔细地折叠纸张、剪出图案，这需要他们保持高度的专注力和耐心。在绘画和书法中，学生需要不断地调整笔触、色彩和结构，这需要他们不断地思考和创新。通过这些艺术活动，学生可以培养自己的细心、耐心和创造力等品质，同时也可以提高自己的审美和文化素养。这三方面紧密结合在一起都是构成创意中国龙的重要组成部分。

图 7　学生收集书法素材

图 8　学生收集绘画素材

图 9　学生收集剪纸素材

（四）分解驱动问题 3（持续时间：15 天）

展板如何设计又是如何进行展示的？

【学生活动】

在这次学生活动中，学生首先把前面收集的素材准备好，开始设计展板。剪纸、绘画、书法 3 个小组对展板的布局设计进行安排，学生先对展板的底色选择合适的颜色作主板。从布局和粘贴方式上，又分为 3 部分：学生从剪纸作品中选出精美的图案，进行分类粘贴，使展板在视觉上更具吸引力；从绘画作品中挑选出优秀的绘画作品"龙"作为主展板中心位置，使展板呈现得更加美观和谐；经老师的推荐和选拔，从书法作品中选出笔画流畅、有力道、字形结构合理、重心稳定的作品。在完成初步的展板设计后，学生需要仔细审核并进

行必要的修改。他们需要检查展板的完整性、准确性和美观度，确保展板能够
准确地传达意图和主题思想。

【阶段成果与评价载体】

展板展示的最终成果

【评价量规】

表6 展板展示最终评价量规表

评价对象	评价指标	评价标准	评分	修改建议
主题和目的	根据展板的主题和目的进行展板的布局和内容设计			
设计风格	整体的美观性和逻辑性	5分（优秀）		
材料和工具	根据展板的尺寸和设计，准备合适的材料和工具	3分（良好） 1分（一般）		
制作展板	完成制作展板，确保展板内容准确			
总分				

【设计意图】

通过活动学习制作展板，有助于培养学生的团队协作和沟通能力，制作展板往往需要跨学科的合作和协调。此外，通过实践制作展板，学生可以积累实际经验，提高动手能力和解决问题的能力，以真实的活动给学生带来更加深刻的情感体验。

图10 学生在进行剪纸实践

图11 学生在练习书法

（五）成果展示（持续时间：7天）

"创意中国龙"展板校园展示

【学生活动】

组内、组外学生观看成果，进行评价并提出反馈。

【阶段成果与评价载体】

《观众对展板的内容喜爱程度调查报告》汇总表

【评价量规】

表7 《观众对展板的内容喜爱程度调查报告》汇总表

序号	调查问题	非常喜欢	喜欢	中立	不喜欢	不非常喜欢
1	展板的标题设计					
2	展板上的作品展示					
3	展板上的活动过程描述					
4	你喜欢展板的理由					
5	如果不喜欢，你觉得应该如何完善与修改					

【设计意图】

通过对创意中国龙展板展示，学生了解了中国龙文化的起源、发展、象征意义和艺术表现等方面，增加了对中国传统文化的认识和理解。激发了学生的创意和想象力，培养了学生的创新思维和创造力。欣赏到精美的剪纸、绘画和书法作品，提高对艺术作品的鉴赏能力和审美水平，以及对中国传统文化的自信心和自豪感。创意中国龙展板展示涉及剪纸、绘画、书法等多个领域，可以引导学生进行跨学科学习，拓宽知识视野。

图12 作品展板

图 13 教师在讲解评价要求

图 14 学生在进行作品评价

（六）项目反思（持续时间：1 节课）

项目进行总结

【学生活动】

学生根据《观众对展板的内容喜爱程度调查报告》汇总表进行集体讨论与反思。

【阶段成果与评价载体】

《小组反思报告》

【评价量规】

表 8 小组反思评价量规表

评价项目	评价内容	评价标准	分值比例	得分
学生自评	学习态度	是否认真、积极，能够主动参与学习	15	
	学习方法	是否科学、有效，能够提高学习效率	15	
	学习成果	是否达到预期目标，能够展示自己的学习成果	15	
小组评价	团队协作	是否团结、协作，能够共同完成任务	15	
	任务完成情况	是否按时、按质完成任务，能够展示小组的实力	15	
	创新性	是否有新颖的想法、创意，能够展示小组的创新能力	25	
总分				

【设计意图】

学生通过项目学习的反思，不断优化他们的学习策略、知识和技能，以及解决问题的能力。学生可以不断完善自己的学习策略和技能，提高自己的学习效率和成果质量。同时,反思也有助于培养学生的批判性思维、自主学习和终身学习的能力,为他们的未来发展打下坚实的基础。因此,教师在教学过程中应积极引导学生进行反思,鼓励他们不断优化自己的学习策略和技能,促进他们的全面发展。

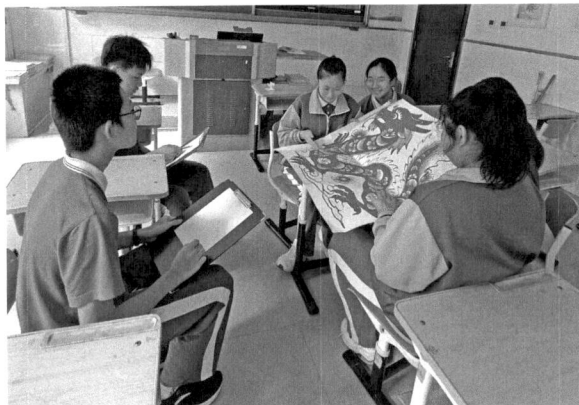

图 15　学生讨论作品

图 16　教师在组织学生反思

图 17　学生在完善作品

六、总结反思

在创意中国龙校园展板设计项目中,我深切体会到教师角色的转变。作为"导演"而非"演员",我更加注重引导学生自主探索与实践,而非单纯的知识传授。这样的教学方式赋予学生更广阔的发挥空间，充分展示他们的才华。学生的思维品质在此过程中得到了显著提升，课堂参与度空前高涨。同时，此次实践也让我对项目式学习有了更深入的理解，并与其他教师共同形成了学习共同体。展望未来，我们将继续以学生为本，在项目式学习的道路上不断探索，培养更具创新精神与实践能力的学生。